有时候，书只不过被当作催眠的利器，

然而，一本书能让失眠的人睡去，也能让沉睡的人醒来。

有多少书，能让我们看清这个世界，成为我们看不见的竞争力；

又有多少书，能让我们在看清这个世界的同时，仍旧热爱这个世界。

阅读增添感性，也是一种新的性感。

你所读过的任何书，都会进入你的心灵和血肉，并最终构成你最甜美的部分。

关于人生大问题的答案，要你自己去慢慢拼凑；

但一本本的书给出的小小回答，却可以帮你抵抗终极的恐惧。

我们的一生有限，你想去的地方，你要做的事情，也许总不能完全成为现实。

唯有读书的时候，你可以在灵魂中撒点儿野。

要知道，人生终须一次妄想，带领我们抵达未知的生命。

你的时间那么贵，要留给懂你的人。

六人行秉承"爱与阅读不可辜负"，个人发展学会坚持"陪你成长，持续精进"。

我们想让你在爱的路上想爱就爱，在成长的路上一直成长。

我们，也想要成为你精彩人生中不可或缺的一部分。

在您还没有和这本书开始灵魂碰撞之前，我们想先送您一份见面礼：

福利一：关注微信公众号：个人发展读书会，在公众号回复【365】，即可免费加入"365天读书计划"，一年读50本书，唯爱与阅读不可辜负！

福利二：关注微信公众号：个人发展读书会，在公众号回复【14】，即可免费获得价值199元的"14天沟通力提升训练营"课程，轻松成为沟通达人！

福利三：关注微信公众号：个人发展读书会，在公众号内回复【咨询】，您将可以获得资深职业辅导师一次一对一的职业咨询，手把手帮您解决职业烦恼，用持续精确的努力，获得丰厚的职业回报！

我们鼓起勇气，冒昧地给未曾谋面的您，准备了这样一份礼物。如果您愿意收下，我们会为遇到了知音感到欣喜；如果您对这份礼物不感兴趣，我们也期待在未来的某一天，我们会再次相遇。

唯爱与阅读不可辜负

扫码有惊喜

场景化沟通

360度无障碍沟通的艺术

365天沟通力训练营专家组◎著

北方文艺出版社

图书在版编目（CIP）数据

场景化沟通：360度无障碍沟通的艺术 /365天沟通
力训练营专家组著 .-- 哈尔滨：北方文艺出版社，
2020.8

ISBN 978-7-5317-4820-5

Ⅰ.①场… Ⅱ.①3… Ⅲ.①心理交往－通俗读物
Ⅳ.① C912.11-49

中国版本图书馆 CIP 数据核字（2020）第 114433 号

场景化沟通：360 度无障碍沟通的艺术
Changjinghua Goutong: 360 Du Wuzhang'ai Goutong de Yishu

作　者 /365 天沟通力训练营专家组

责任编辑 / 富翔强　　　　　　　　装帧设计 / 創研設

出版发行 / 北方文艺出版社　　　　邮　编 /150090
发行电话 /（0451）86825533　　　经　销 / 新华书店
地　址 / 哈尔滨市南岗区宣庆小区 1 号楼　网　址 /www.bfwy.com

印　刷 / 天津旭非印刷有限公司　　开　本 /880×1230　1/32
字　数 /155 千　　　　　　　　　印　张 /8
版　次 /2020 年 8 月第 1 版　　　印　次 /2020 年 8 月第 1 次印刷

书　号 /ISBN 978-7-5317-4820-5　　定　价 /42.80 元

拥有场景化思维，
任何场合都是你的主场

    在很多人眼里，我是一个沟通能力比较强的人。作为讲师，我每年会给几千人上课；作为主播，我的节目两年内累积了两千多万的收听量；作为公司的合伙人，我带领部门二十多个小伙伴一起工作。所以，很多人把我当作"沟通大咖"。

    很多朋友都会非常苦恼地向我询问：不会说话、情商低、太内向、不自信，该怎么办呢？

    其实我很想告诉他们，直到今天我都觉得自己不会说话、情商低、太内向、不自信。为什么会这样呢？我是在装"沟通大咖"吗？我是一个虚有其表的家伙吗？

    说出来你也许不信，著名的相声演员郭德纲就常常说自己很内向、不会说话。了解他的人都知道，他在台上是一个样，在台下却是另一个样——郭德纲在生活中不爱社交，他更愿意在家里看书写字，不喜欢和人打交道。

一个内向不爱说话的人，在剧场能掌控全场吗？一个不会说话、不自信的人，能够当讲师、主播、管理者吗？

答案是能。

为什么能呢？答案就在你眼前的这本书里——《场景化沟通》。

我见过的绝大多数人都觉得自己不会说话、情商低，哪怕是公认的高情商的人，也会发自内心地觉得自己情商很一般。反而是那些自诩情商高、会说话的人，其实情商和智商都堪忧。

我能够做讲师、主播、管理者，是因为在课堂上、麦克风前、具体的业务上，我已经积累了很多年的经验。有了这些工作经验，我就总结出了一套专属的沟通体系，但是在其他的领域，我就会不怎么自信。就像郭德纲，7岁开始学说相声，一路摸爬滚打，自然就有了掌控全场的能力，他自己也说他说相声可以，但是讲别的，就没自信了。

所以说，所谓的情商高、会说话，是分具体场景的，我们只会在自己熟悉的场景中，显得"情商在线"。

每当有人向我倾诉自己不会沟通时，我会耐心地问他这样一个问题：最近发生了什么，让你怀疑自己的沟通能力呢？

他们给我的答案是：开会时不懂汇报、饭局上不会敬酒、电梯里遇到领导不会打招呼、被同事欺负不会应对……这些都是工作中非常具体的场景。

每当这时，我都会给他们讲一段自己的经历：我大学毕业的第一份工作是集团讲师，去全国各个学校演讲。当时，各个学校接待我的都是校长或副校长。初出茅庐的我，对饭局的礼仪和话术完全不懂，非常不自信，每次吃饭时我都会格外别扭，只会自顾自地吃。

后来，我慢慢意识到这样是不对的——这样不仅会让气氛尴尬，也会在无形中错过积攒人脉的机会。于是我就开始准备一些饭局上的小故事、小段子来活跃气氛，也会储备一些敬酒辞。在刚开始运用这些话术时，我还觉得不怎么舒服，丢了好几次脸。可是后来越用越熟练，各种酒局、饭局都能自如应对了。

我们不要轻易说自己情商低、不懂沟通，因为我们每个人都不是天生的沟通高手，关键是要找你工作和生活中重要的沟通场景，在这些场景下学习沟通技巧，积累沟通经验。

什么是场景化沟通？其实有两层含义，第一层，所有的沟通必然存在于一个具体的场景中，有背景、目标、人物、障碍，如果我们能够清楚分析具体的场景，找到同类场景的共性，学会这类场景下的沟通原理、沟通技巧，那么我们就能快速解决这一类的沟通问题。你手中的这本书就是在帮助你梳理一些重要场景下的沟通原理和技巧。

第二层，一个人的沟通能力一定要在具体的场景中练习和提升，如果你希望这本书真正地帮助你提升沟通能力，你还需要做好一个准备，那就是场景化练习。不将书中的技巧与方法运用在具体的沟通场景中，那么你就完全埋没了这本书的价值。

你应该知道美国的一位先贤富兰克林，他出生低微，只上了两年学便出去四处打工，但是在一年的时间里，他从印刷厂的一个工人变成了专栏作家。他提升写作能力的方法是什么？就是场景化练习。

富兰克林当时是一个印刷工，每天都会接触报纸，所以他会看一些报纸上的文章。在看完一遍以后，他就把报纸放在一边，凭借自己的理解重写这篇文章。在写的时候他发现，他以为已经看懂了、了解了、领会了这篇文章，但自己能写出来的东西却很少，而且跟文章一对比，这些话表达得还相当不准确。

他毫不气馁，又重新把报纸认真地看一遍，重新再写——他写作的过程，是一种进入具体场景的过程，比泛泛阅读捕捉的信息量大得多。在经过七次不断重写之后，富兰克林最后写出来的文章跟原来那篇文章的差距慢慢缩小了。在一年的时间里，他用这个方法反复训练自己，最后就掌握了写作技能。

进入到场景当中，你才能真正获取那些微妙的、精微的、关键的信息与反馈，你的经验就会越来越多——富兰克林的这种自我训练方法看似很笨很慢，但是非常有效。

为什么单纯地读书、看文章对我们的成长帮助很有限呢？这是因为我们在读这些书和文字时没有将思维运用到具体的场景里——我们不知道为什么读，读了有什么用，用了会怎么样。但是富兰克林解决了这个问题，重写别人的文章，就有了目标和参照，写完之后就有了反馈，这就是构建场景的价值。

所以，如果你选择阅读这本书，请记住，学习沟通要从场景来，回到场景中去。

我可以很负责地告诉你，在工作和生活中，真正运用在我们现实生活中的场景不会超过20个，我们只要学会了场景化思维，并且多多尝试，你的沟通能力就会明显提升，任何场合都将会是你的主场。这也是这本书的意义所在。

畅销书《隐形领导力》作者　少毅

目录
contents

01

明确沟通目标,
三步法链接有意义的关系

闭环式沟通：件件有着落，事事有回音的诀窍

沟通，是人与人之间的一座桥梁，要与人进行高质量的沟通，就要有非常清晰的目标，这样才会得到自己想要的结果。但有时候我们会发现与人的沟通并不总是有效且顺畅的。

试想，你对着客户自顾自地说了好一会儿，对方突然问你："你想说什么呢？"你一下子被对方问懵了——这说明你的信息没有有效地传递给对方，对方也没领会到你所表达出来的意思。所以，你们的这次沟通是无效的。

简洁而高效地传递信息，是沟通的第一步。如果连信息都传递不出去，所有的沟通技巧就成了无本之木、无源之水。

那么，我们要如何简洁而有效地传递自己的意图，并让别人能够迅速"读懂"呢？

在短时间内完整地表达出自己的意图

我们沟通训练营的一位学员从事的是英语培训工作，他们公司

最近推出了一套针对上班族的周末口语培训课。在这个课程的推广期内，经理要求他们在30秒内将课程推销给客户。朋友是这样组织自己的语言的："您好，我是做英语培训的，我们公司就在附近。现在，我们有一个针对上班族的周末培训课程，只需要学习半年时间您就能流利地说英语。这是我们课程的介绍和我的名片，欢迎您随时拨打我的电话。"

他说这段话用了不到30秒，却把意图表达得清晰而完整。那么，我们在表达自己的意图时，怎样才能做到像他一样呢？

1.表达意图时，要结合对方的需求

我们常说沟通要"看客下菜"。这其实是说对于不同的人，我们要结合他们的需求，这样才能把话说到对方的心里。

小米科技创始人雷军在寻找创业合伙人时，就采用了这一策略。雷军在创业之前是北京金山软件股份有限公司的总裁，他的专长是做软件。但创业后，他觉得自己需要找一个懂硬件的人来帮忙，他就到处寻找合格的硬件工程师。后来，他认识了一位非常出色的硬件工程师，但对方对小米科技的前景不太看好，就一直犹豫不决。

雷军发现了他想赚钱的心理需求后，就问他："你觉得是你的钱多，还是我的钱多？"

对方回答："当然是你的钱多。"

雷军说："那就证明我比你更会赚钱，不如我们俩分工，你负责产品，我负责赚钱。"

从这个故事中我们可以分析雷军的意图是——拉对方入伙；而对方的需求是——挣更多钱。所以，雷军看似简单的一句话，既精准地表达了自己的意图，又满足了对方的需求，双方一拍即合也是理所当然的。

在职场中，我们就可以用上述的方法。比如，你想劝老板接受你的宣传方案，发现老板的最大的需求是节约成本，这时你就可以跟他说："老板，我这个方案的最大优势是能用最少的钱让我们的产品尽可能多地曝光。"这样说既简单明了，又直击老板的痛点。

2.表达意图时，要直奔重点

你要想在短时间内将自己的意图完整地表达出来，就必须分清主次，直奔重点。因为太多的铺垫会分散对方的注意力，直接影响你的表达效果。

当然，我们在沟通的时候也要分清主次，不能只捡西瓜，不理芝麻。我通常的处理办法是：将次要的内容当成一个引子，在叙述重点内容之前提一下。举个例子，假设你正在跟合作方沟通一个策划方案，你要很明确地告诉他，这个方案用时最少、成本最低。同时，还应该顺便提一下工作人员所付出的努力，从情感上打动对方。

确保对方完整地接收到你的信息

我们来看一个有趣的故事：

有一对小夫妻，某一天先生对太太说："亲爱的，咱们一起去跑步吧。"

太太不高兴地说："跑步？你是不是嫌我胖了？"

"哦，那不去了。"

"不去？你是不是嫌我懒？"

先生很无奈地说："那我自己去。"

"你自己去？难道你是想去健身房看其他的小姑娘？"

"亲爱的，你别闹了。"

"你又嫌我无理取闹了？"

……

这个故事虽然有趣，但恰恰说明了一个道理——在沟通中，如果对方没有完整接收并理解你的信息，就会影响你们之间的关系。

那么，我们该如何确保对方能够准确理解我们说的话呢？具体可以从以下几个方面入手：

1.确保对方能听懂你的语言

网上流传着一段电视剧《三国演义》中诸葛亮和王朗的"骂战"视频——这段视频被许多创作者拿来重新剪辑、配音，做成了二次元"鬼畜"视频。有一次，诸葛亮的扮演者唐国强去参加一个综艺节目，节目组的人见到他都很兴奋，谈了许多同"鬼畜"视频有关的话题。

唐国强十分纳闷地问："什么是'鬼畜'？"

节目组里的工作人员都是年轻人，可唐国强是老一辈表演艺术家，他没有接触过这些，当然听不懂，那么双方的沟通就不能很好地进行下去。

所以，我们在和别人谈到一些新出现的、只在某个圈子流行的、复杂的概念或术语时，最好先确认对方是否了解，如果他不了解，就要向对方解释，确保他能听懂你的语言，这样的沟通才是有效的。

2.清除自己心里的成见和情绪

有时候，我们难免会带着成见和情绪去和他人沟通。比如你在教一个新同事操作软件的时候，明明已经说了很多遍，甚至还手把手地教他，可他还是不懂。这时候你可能就会失去耐心——"我都讲得这么清楚了，你怎么还没懂？"如果对方是你的下级，你甚至还可能会骂对方两句。

你之所以会这样做，是因为你站在了自己的角度考虑问题。你觉得你要教的东西很简单，一学就会，别人学不会，就是对方的错。但是，你要知道一旦你有了这种想法，对方也就从心里对你产生了隔阂，你们以后肯定无法再好好沟通，也无法再顺利合作下去。

3.确认对方的反馈

我们往往无法猜测对方是否已经理解了我们的意思，因为"猜测"是一种主观行为，依旧是站在自己的立场上看待问题。我们需要"确认"对方是否完整理解了我们所传达的意思。

举例来说，当你同客户沟通完一个方案，你可以补充一句："以上就是我的方案，您还有什么不清楚的地方吗？"这就是一种确认。

当对方明确告诉你"我已经非常清楚了，并能正确复述你的主要观点"时，才可以说明他已经完整接收到了你的信息。

只有做到了以上两点，才能确保你完整地表达了自己的想法，对方也准确地接收了信息。两者形成了一个"信息发送—接收"的闭环，才能件件有着落，事事有回音。

光环效应：你的优势即吸引力价值

我们和别人沟通不只是为了传递信息。还需要拉近对话双方的关系，让彼此更为亲近。拉近双方关系的方法有很多，但最好的办法是利用优势和价值打动对方，这样的方式才是持久的。

心理学上有一个概念叫作"光环效应"，它指的是人们在交往的过程中所形成的一种夸大的社会印象。通俗点来说，如果你面前站着两个陌生人，一个是某世界 500 强企业的高级管理人员，一个是普通的上班族，他们分别就某一事件发表了自己的看法，你更愿意相信谁的话呢？你更愿意和谁走得近一些呢？答案不言而喻。

我们训练营里一位做过销售培训的专家合伙人在跟别人谈合作时都会说："我们曾经给中国人寿、格力电器等公司做过销售培训。"每次只要他搬出这些案例，对方都会对他另眼相看，合作起来也会顺利很多，他的事业也因此蒸蒸日上。

这位专家合伙人在跟我们分享经验时说："现在的培训市场竞争很激烈，只说自己公司的规模、报价的低廉，并不会打动对方。这时，我就把自己的最大优势讲出来，这样客户就会觉得我们很厉害，达成合作也就成了水到渠成的事。"

用自己的优势和价值，来吸引对方的第一步，就是要找到你自己的优势和价值。那么，我们应该怎么去挖掘并展示自己的优势和价值呢？

其实，做好以下两点就足够了。

第一点：将你的优势和价值一一列举出来。

第二点：根据对方的需求来展示你的优势和价值。

要想用自己的优势和价值去打动对方，就要根据对方的需求展现自己的价值。比如，我现在要去跟老板提加薪，我会这样说："老板，我在公司工作这么多年了，所有的项目和工作都完成得很出色，并且为公司创造了几百万元的利润。现在，我有一点儿要求希望公司能考虑……"

我列出了自己的价值和对公司的贡献，这样就会让自己有了"光环"，这样老板才会意识到我的价值，同意我的请求。

在展示自我价值的时候，我们一定要把握好"度"，不要让对方觉得你是在刻意炫耀。这个"度"有两个层面：第一个就是不要反复去提自己的成绩，第二个就是要少说空洞自夸的话——用事实说话，这样才能增加可信度。

美国一家软件开发公司的销售经理曾在宣讲会上这样夸赞自家公司的产品："我们这个软件在推出的第一天就卖出了85000份，

IBM（国际商业机器公司）的副总裁在试用了我们的产品后，说他愿意为开发这款软件付出任何代价。"

这么简简单单的一句话，他就把自己公司的软件夸上了天。宣讲会上的听众之所以愿意相信他，因为他用的全是切实可查的数据——数据是不会说谎的。而第三方用户IBM的副总裁的评价，更给他们的产品增添了一层可信的"光环"。

我们每个人都可以用这种方式来展现自己的优势和价值。

一位会计可以说："我参加工作3年来从来没有做过错账。"——这既是说数据，又是摆事实。

员工想告诉老板自己的组织能力很强，他可以说："公司的同事都觉得我能把大家团结到一块儿去。"——这是引用别人的评价。

当你有一种美好的品质时，即使其他方面有所欠缺，别人也会接受并认可你。所以，我们要有意识地打造并运用自己的"光环"，这样和别人的沟通才能更顺利。

三个关键认知，助力搭建共识金字塔

任何沟通都是要使沟通双方达成一个共识。做销售的，旨在让顾客购买自己的产品，这是一种行动共识；做策划的，旨在让对方接受自己的方案，这是一种观点共识；结交陌生人，旨在让他认可你这个人，并且愿意跟你做朋友，这是一种关系共识……但用什么方法跟对方达成共识，这是我们需要认真思考的。

我们会发现，达成共识的方法因人而异，但让双方产生分歧的原因却总是相似的。经典畅销书《沟通的艺术》讲了三个无法达成共识的原因。只要解决了这三个难题，我们就能非常轻松地和对方进行交流。

消除沟通双方的认知偏差

著名情感节目主持人涂磊曾经讲过这么一个故事：

有一对夫妻，丈夫忙于工作，妻子在家相夫教子。原本感情很好的小两口却因为一次沟通不到位，产生了很大的问题。

有一次，丈夫开车送一位女同事回家，恰好被妻子撞见了。妻子便气冲冲地质问丈夫："我今天看见你跟一个女人在一起，你是不是在外边有人了？"

丈夫忙了一天感觉很累，见老婆怀疑他，就没好气地说："我每天在外面累死累活，送同事你也要管？"

丈夫的一句话点燃了矛盾的火药桶，两人开始了激烈的争吵。妻子觉得自己每天都要做家务、带孩子，为家庭付出了这么多，还要被丈夫指责，感觉非常委屈；而丈夫觉得妻子不理解自己，为这么一点儿小事就找麻烦，觉得很心寒……

涂磊是这样评价这件事的："这两个人完全被情绪左右了，妻子担心丈夫爱上了别人，丈夫没有正面回答，更加重了她的疑心；而丈夫觉得自己问心无愧，根本就不把它当回事儿，忽略了妻子的感受。"

两人对这件事的认知出现了偏差，又各自带着情绪，所以沟通才会出现问题。

如果把著名的"冰山原理"运用在沟通上，就是人在沟通过程中，情绪占了70%，而真正传递给对方的内容只有30%。在情绪影响下，人往往会粗暴地下结论，也听不进对方的话，这些都会导致双方无法达成共识。所以，要解决这种认知偏差，我们就要从自己的情绪着手。

首先，尽量保证自己的情绪稳定。一个容易被情绪左右的人，往往会口无遮拦，说出伤害彼此的话，这是双方产生冲突的原因。

其次，要陈述事实，不要擅自下结论。比如以上事例中的妻子可以这么问丈夫："我看到你今天跟一个女的在一起，你能告诉我她是谁吗？"——要知道"送女同事回家"这件事，不同的人会有不同的看法，并不代表着丈夫一定爱上了女同事。妻子不应该擅自下结论，要和丈夫心平气和地说清楚。

最后，要保持双向沟通。简单来说，就是你不能光说不听，也不能让对方一直滔滔不绝地说，双方要有互动，才能明白对方的真实想法。

做到以上三步，沟通双方的认知偏差才能被消除，沟通才能顺畅进行。

创造良好的沟通氛围

我们中国人有一个习惯——在酒桌上谈生意。原因很简单，大家在吃饭、喝酒时，会感觉非常放松，生意的成功率也会提高。

"正向沟通螺旋"理论表明：在沟通中，如果我们能给对方正向的信息，将会引导对方给你类似的回应。通俗来讲，就是你认同别人，别人也会认同你；反过来你又会被这种氛围所感染，说出更加认同对方的话，最终你们会达成一致。

如果你的话语间总是充满了指责、批评，那对方肯定也会以同样的态度对待你，你们的沟通将很难进行下去。所以，营造良好沟通氛围的秘诀在于尽量多给对方正向信息，这样才能创造一个良好的沟通氛围。

要创造良好的沟通氛围，我们要注意以下三点：

①**重视对方**。我们要欣赏对方，善于发现对方的优点。比如我们在接他人的名片时，一定要用双手来接，而且接过之后一定要看。

②**认可对方**。我们可以说一些认可对方的话，也可以送给对方一些小礼物，以示自己的态度。

③**赞美对方**。我们可以赞美对方身上的优点，也可以赞美对方引以为豪的工作成绩或学习能力，也可以赞美他比自己做得好的方面。

只有这样，对方才能给你正向的反馈，你们之间才能建立良好的沟通氛围。

实现沟通双方共赢

在日常生活中，因为没有实现共赢，而无法达成共识的沟通屡见不鲜。比如：一个商人如果不考虑顾客的利益，就算把产品说得再好，也不会有人买；一个员工在给同事分配任务时，如果表现出明显的私心，对方肯定也不会接受他的方案；交朋友时，如果你只想利用别人的资源，却不肯将自己的资源拿出来分享，别人也不会交你这个朋友……

人际关系学上有一种"互利心理效应"，它揭示了沟通双方产生矛盾的原因，并给我们提出了建议——在说出自己的利益诉求之前，要先把对方的利益考虑进去，并将这个考量告诉对方。如此，对方就会觉得你这个人值得信赖。

马云在创办阿里巴巴的时候，曾经找过软银集团的孙正义寻求融资。当时，他只用了6分钟的时间，就让孙正义坚定不移地投资阿里巴巴。后来的事我们都知道——阿里巴巴成了中国首屈一指的商业帝国，而孙正义也因持有阿里巴巴的股份，一度成为日本首富——这就是"互利心理效应"现实版应用。

在沟通中，如果你把对方的利益放在自己的前面，就能让对方觉得这次沟通能够实现双赢。在此基础上，你们就能够达成共识，深入合作的概率也会更大。

02

内向的力量：
无须改变性格，也能成为沟通高手

向内发掘优势，拿回沟通主动权

如果你是一个内向的人，那么，以下的话你可能在生活中听到过无数次：

"你为什么总是一个人待在一边？太奇怪了。"

"你这个人，什么都好，就是不大合群。"

"你为什么不喜欢聚会？你看，所有人不都玩得很开心吗？"

"周末你一个人待在家里不无聊吗？你都干些什么呢？"

"你太冷漠了。"

"多出去结交朋友，你一个人不感觉憋闷吗？"

"性格太内向不是好事，你得学着让自己变得外向一点儿。"

……

在我们的文化里，内向一直被当成性格缺陷，而外向似乎就是优势。如果你"有幸"生而外向，那从小到大你必然会赢得无数赞许——"这孩子阳光开朗，太惹人喜爱了……"

如果你"不幸"生而内向，那你很可能被教育过无数次。大人们总会对你皱眉，对你说："你什么都好，就是性格太内向了，为什么你就不能变得外向一点儿呢？""你应该向×××学习，你看人家多开朗大方。"

因此，很多天生内向的人为了合群，就强迫自己变成一名彻头彻尾的"外向者"，并坚决地向外界宣称他们一点儿也不内向。

但内向者真的有必要改变性格，让自己变得外向吗？

有研究表明：世界上有超过三分之二的人都是内向者。在成功者中，内向者所占的比例也是高于外向者的，比如，比尔·盖茨、马化腾、沃伦·巴菲特、村上春树、李彦宏……这些享誉世界的名人都是内向者。

那内向者都有哪些优势呢？德国知名性格咨询专家西尔维娅·吕肯曾经总结出了内向者的优势——强大的洞察力、分析式思考能力和移情能力。

把这三种优势进行整合后，可以概括为以下几点：

内向者的洞察力都很强

内向的人往往会更关注内在，更热衷思考，所以他们通常具有独特的思想体系，更易具备敏锐的洞察力。他们在思考问题时会比外向者更深入，做事也比外向者更专注……这些是内向者与生俱来的武器——将这些特质磨炼到极致，无疑是内向者在这个社会立足的核心竞争力。

如果一个内向的人放弃了思考，强行改变自己，投身于外向者们游刃有余的行业，那无疑是放弃了自己与生俱来的优势，得不偿失。

内向者更善于聆听

相比较外向者来说，内向者更善于倾听。在一项对全美国的HR（人力资源管理人员）所进行的统一问卷调查中，我们发现：当HR被问到在他们心目中"完美经理"需要什么能力时，"倾听"被排在了最重要的位置上。也就是说，在HR眼中，一位具备良好倾听能力的人，常常被认为是优秀的领导者。

无独有偶，我们在一个"倾听"和"事业成就"之间的关系的研究中发现：具备良好倾听能力的人，在公司中的地位相对较高。

那内向者该如何强化自己的倾听能力呢？下面给大家提供三个维度：

1. 倾听事实

倾听事实，指的是我们在聆听过程中，不要代入自己固有的假设和评判，一定要耐心了解客观事实。如果下属对于事实的描述没有逻辑，我们要通过复述和提问的方式，来了解事情的全貌。比如我们可以说："你当时做了，是吗？""当时客户的反应是什么？"

2.倾听感受

在倾听的过程中，我们一定要细心觉察对方的语气、语调和语速的变化。比如，对方的语速突然加快，语调也提高了，那对方的情绪极有可能变得非常激动，我们可以引导他说出自己的感受。相应地，我们可以使用不同的沟通语言来进行呼应。

同时，我们还要善于觉察对方身体姿势、面部表情的变化。如果对方的双手抱在胸前，身体后仰，这就表示他在故意与你保持距离。

如果我们不确定对方的情绪，则可以通过提问来捋清，比如我们可以说："我感觉到你现在很兴奋，是吗？""我感觉到你对这件事情有所抗拒，是吗？"

3.倾听意图

我们在倾听的过程中，要学会换位思考，要站在对方的角度上思考问题，并倾听对方的想法。如果对方不肯说出自己的意图，我们可以试探性地说出对方的想法。例如，我们可以对对方说："虽然你刚刚一直在说你现在很累，说你想要跳槽，但你每次提到你负责的项目时，都会两眼放光，我想你还是喜欢现在这份工作的……"当你替他说出他的想法时，他十有八九会对你敞开心扉。

内向者更擅长精准表达

内向者不擅长雄辩，但喜欢深入思考。他们往往更注意事情的本质，所以最适合他们的表达方式就是精准表达。那么，内向者该如何提高自己精准表达的能力呢？

1. 刻意练习，有意识地开口表达

我们经常会羡慕在会议上、演讲台上滔滔不绝地演讲的人，觉得他们的语言组织能力特别强。但我们要知道，这种超强的表达能力并不是天生的，而是后天习得的技能。

即便是全世界最有名的演讲专家要去演讲，也是要经过反复排练的。美国微软公司的联合创始人比尔·盖茨曾经被认为是一个"蹩脚的公共演讲者"，但为了在视频网站上演讲，他花费了很多时间和精力去排练，最终给大众带来了关于公共卫生、能源及教育等方面精彩卓绝的演讲。

所以，内向者要刻意锻炼自己的表达能力，要时常演练自己经常要说的话，这样才能提高自己的表达能力。

2. 多想一步

除了有意识地表达之外，我们还应该多想一步。所谓的"谨言慎行""说话之前先过脑"就是这个意思。"多想一步"看似没什么了不起，但这背后的"心智差距"则是其他人所不了解的——因为你多想一步，原来的机会可能就会成为陷阱，而原来的陷阱也可能成为机会。

说话其实也是一样的道理，在说之前我们要多想一步，就有可能让你比别人更会说话。

3.删除不必要的部分

说话其实跟写文章差不多，好的文章是修改出来的，得体的语言也是组织出来的。我们在表达的时候，我们的很多话里都包含着废话、空话、大话。所以，我们要学会打磨自己的语言，不断进行刻意练习，删除那些没用的话，将自己想表达的内容精准地表达出来。

在纷繁复杂的社会中，外向者善于展示自己语言的魅力，而内向者则更善于在深入的思考中散发光芒。所以，内向者没有必要羡慕外向者，觉得自己一无是处。内向者有自己独特的优势，他们更有潜力成为一个团队的领导者。

提高社交力的性格微管理术

　　内向者与外向者的性格截然不同，内向者的思虑一般比较多，有着同外向者完全不同的思维模式和心理状态。因而，他们人际关系中往往会遇到各种各样的问题，如社交恐惧、害怕公共表达、不喜欢主动等。这些问题，常常会给内向者的生活带来诸多麻烦。

　　那么，内向者该如何克服这些障碍，与其他人融洽地相处呢？

给自己积极的心理暗示

　　有一个关于心理暗示的故事：

　　非洲某个部落的酋长有三个女儿，大女儿和二女儿聪明又漂亮，都被人用当地最高规格的聘礼——九头牛娶走了。但当第三个女儿到了出嫁年龄时，一直没有人肯拿出九头牛的彩礼来迎娶她，原因是她非但不漂亮，还很懒惰。

　　一个外乡人想要娶亲，就对酋长说："我愿意用九头牛做聘礼来娶你的女儿。"

　　酋长非常高兴，就把女儿嫁给了外乡人。过了几年，当酋长去看自己远嫁的三女儿时，令他没想到的是，三女儿居然变成了一个气质超凡的魅力女人，而且还亲自下厨款待他。

　　酋长很震惊，偷偷地问女婿："你是巫师吗？你怎么把她调教成了这样？"

　　女婿说："我没有调教她，我只是始终坚信你的女儿有九头牛的价值，她也相信自己有九头牛的价值，所以就一直乐观向上、热爱生活。"

　　这个故事告诉我们，心理暗示有着非常神奇的作用，酋长的三女儿就是在积极的心理暗示下才变得越来越好的。

　　很多内向者都缺乏自信，很难有积极的心理暗示。他们很在意别人的看法，总害怕自己的言谈举止会带来不好的结果。比如，很多内向者在上台前会一直默念"好紧张、好紧张"，这就给自己带来了消极的心理暗示。

　　正确的做法是：无论在演讲前发生了什么，我们都要不断给自己积极的心理暗示，给自己信心："我可以的，我能行！"在演讲过程中，如果有什么突发状况，也不要着急问自己"怎么办"，而是要先稳住自己的心，再给自己心理暗示："没关系，我可以解决这个问题。"

　　巧用心理暗示，会让演讲的成功率大大提高。内向者可以举一反三，把积极的心理暗示应用到各种沟通场景中。

多称赞他人

训练营的学员小磊毕业后去了一家国企，他做事认真、为人踏实，为了完成任务，经常加班到晚上十一二点。工作一年后，他的业绩非常突出，但年终优秀员工的名单里却没有他，他对此感到很郁闷：为什么自己一年到头这么努力地工作，却还不能被评为优秀员工？

后来他了解到，自己之所以没有被评为优秀员工，不是因为自己工作做得不够好，而是他与同事的关系没有处好——他从来没有称赞过同事，在他看来，称赞他人等同于"拍马屁"。

但是在现实中，你要想得到别人的认可，就要先认可别人。

很多内向者会遇到跟小磊一样的问题，他们总觉得很难开口去称赞别人。但称赞别人真的等同于"拍马屁"吗？

这是一种错误的认识。我们这里所说的称赞，并不是低级的谄媚，而是实事求是地夸赞他们的业绩、能力和优点。客观的称赞绝不等同于"拍马屁"，它是以一种舒服的方式让别人感受到自己的善意，是一种礼貌和修养。

锻炼"反脆弱"能力

我们经常羡慕妙语连珠的脱口秀演员，但我们不知道他们"台上一分钟，台下十年功"的艰辛。有的脱口秀演员的性格其实很内向，他们为了锻炼自己，会在酒馆、天桥、大街上找陌生人聊天，然后根据他们的反馈修改稿子，然后再找人聊……直到自己的笑话完全能把陌生人逗笑为止。

难道脱口秀演员不怕被人嘲笑吗？当然不是，他们也害怕被嘲笑，只是他们有一种超强的"反脆弱"能力。在他们看来，就算自己因为没表现好被嘲笑了，也收获了一些宝贵的经验。

"反脆弱"能力，是一种让我们在突如其来的变化中持续获益的能力，它可以帮助我们应对未知和不确定的事情，最终让我们有能力解决那些解决不了的难题。

很多内向者缺乏表达真实想法的勇气，他们害怕说错话、害怕丢脸、害怕被嘲笑——这些都是对不确定因素的恐惧。其实，他们大可以把表达自己当成锻炼自己的反脆弱能力的机会，这样一来，这些缺点也就不是什么大不了的事了。

内向者无须改变性格，也能成为沟通高手。只有管理好自己的性格，才能逐渐走出舒适区，提高社交力，让别人越来越喜欢你。

减少内耗，走出情绪旋涡

俗话说：情绪是情感的另一面。内向者因为性格特点和思维模式，常常会陷入情绪内耗中，不仅浪费了时间，还降低了生活的幸福感。

身处情绪内耗中的人，对自我的认同感往往比较低。相比于外向的人，内向的人更容易因为情绪内耗而焦虑不安、自我否定。这些负面情绪会消耗他们的心力，陷入自我否定的恶性循环中。

那么内向者该如何解决情绪内耗呢？

先解决事情，再解决情绪问题

小李在一家成长型公司工作，有一次公司领导专门召集员工开了一场产品讨论会，让大家分析为什么别家公司的产品卖得这么好。

会上的讨论很激烈，作为公司的老员工，小李也被点了名要求发言。散会之后，他开始了胡思乱想："领导开产品讨论会，表面上是要分析别家公司的产品，但心里肯定觉得我的工作做得不够好……"于是，他开始不断琢磨工作中的细节和领导的言行，结果越想越焦虑，越想情绪越低落，觉得老板就是针对自己。

很多内向者都会像小李一样陷入情绪内耗当中，朋友、领导、同事、客户的一句话，都可能让他们胡思乱想。这个时候，该怎么办呢？

我给大家分享一个心法：**先把事情做好。**

也就是说，当别人的言行引起自己的情绪问题时，你应该先把事情做好，然后再调节自己的情绪。比如，领导把你叫到办公室，说你的工作存在一些问题。很多内向者一听到老板的批评，就特别容易产生负面情绪。其实，这件事可以有不同的解读。从负向上解读，可以认为领导在挑自己的毛病，自己的表现让领导不满意。但从正向上解读，也可以理解为领导很关心、看重你，他在帮助你进步。

所以在这个时候，我们的首要任务就是要把事情做好，把领导提出的问题先解决掉，而不是去纠结领导的真正意图是什么。把自己的工作做好，让公司越来越强大，是公司所有人的首要目标。

学会非暴力沟通

所谓非暴力沟通，就是明确自己的观察、感受和愿望，有意识地去解决问题。我们在把事情做好之后，就可以运用"非暴力沟通"的方式，彻底消除自己的情绪内耗。

首先，我们要留神观察周围发生的事情。但是请记住，我们这里所说的观察，是不带有任何主观色彩的观察。我们仅仅需要将观察的结果清楚地表达出来，而不需要做任何判断或评估。

接着，我们要表达自己的感受，比如害怕、愤怒等。我们要分析是什么事情让我们感到不舒服。当我们诚实地表达了自己的情绪后，才能向别人提出具体的请求。

在这里，我们要区分一下观察与评论的不同：如果你饮食不均衡，你的健康就会出现问题——这是评论；如果你饮食不均衡，我就会担心你的健康出现问题——这是观察。

接着，我们再来区分一下感受和想法的不同：表达感受，即表达内心的真实情感，如"我很伤心""我不高兴了"等；而表达想法，就是加入了个人思考的语句，如"我觉得……"等。

至此，我们再来回头看一下在本文开头提到的小李。他在把事情做好之后，就可以采用"非暴力沟通"的方法来向领导表达自己的请求。通过和领导的沟通，他可以确认领导开产品会是为了让他学习竞争对手，还是真的觉得他在工作中存在着一些问题。

当我们出现情绪内耗时，首先应关注事情本身，然后再处理自己的情绪问题，而不要将情绪带入到工作中。这样的话，不仅自己的情绪没有得到解决，工作也可能无法按时完成。采用上述方法，我们基本可以避免在沟通过程中出现无休止的内耗，慢慢变成一个豁达、开朗，拥有良好的人际关系的人。

03

消除认知偏差，
把暴力沟通扼杀在萌芽

90% 的沟通问题，都是这四个误区造成的

沟通是一门学问，值得我们花时间去钻研。有时候，了解沟通中可能出现的误区，反而是掌握沟通技巧的捷径。

有这样一个小故事：

一对恩爱的老夫妻，丈夫爱吃鱼头，每次做鱼时，他都会把最爱的鱼头夹给妻子；妻子爱吃鱼尾，则会把自己认为最好吃的鱼尾留给丈夫。两个人就这么"妻吃鱼头，夫吃鱼尾"地过了一辈子。一直到自己弥留之际，丈夫才说出自己根本不爱吃鱼尾；妻子掩面而泣，说自己也不爱吃鱼头。

这个故事中的夫妻以为把自己最喜欢的东西留给对方，就是对对方最好的爱，可他们却根本没了解清楚对方真正的喜好。这种情况出现的原因，是他们之间出现了沟通误区，根本不了解对方真正的需求。

在现实生活中，我们也常常会遇到类似的情况，比如朋友送了一件你不喜欢的礼物，但碍于颜面，你没有拒绝。他就会认为你真

的很喜欢这件礼物，之后也总会送你类似的东西，让你有苦说不出。

良好的沟通对我们的人生至关重要，我们可以通过沟通获得自我认知，与他人建立一段良好的关系，帮助自己满足自我需求。

但是，为什么在很多时候我们明明和对方进行了沟通，但还是引发了争论呢？这主要是由以下四点原因造成的：

底层逻辑差异

底层逻辑是人在思考问题时的切入点。底层逻辑不同的人，会有不同的思考方式和价值观。底层逻辑上的差异，会让人与人之间产生很多矛盾，这种差异就相当于Android（谷歌操作系统）和iOS（苹果操作系统）两种应用系统从根本上就不兼容一样。

所以，沟通双方一旦在底层逻辑上出现了问题，那么基本上是很难调和的。

主次矛盾不分

如果两个人的底层逻辑是相同的，还是会产生争论，通常情况是双方没有分清主次矛盾。

主次矛盾不分，指的是其中一方把一些细枝末节的事情都拿到台面上来说，浪费了彼此的时间和精力。更重要的是，在漫长的沟通过程中，很容易让大家忘记了真正重要的东西。

价值观不同

价值观是指个人对客观事物及对自己的行为结果的意义、作用、效果的总体评价，是推动并指引一个人采取行动的原则和标准，是个性心理结构的核心因素之一。相比于人思考问题的底层逻辑，价值观更具有复杂性。

有这样一个故事，说的就是价值观不同的两个人的事：

一位教师和自己的妻子一起去公园玩。公园里风景如画，绿草如茵，教师让自己的妻子欣赏美景，妻子却非常兴奋地对丈夫说："快看！这里有好多柴火啊！"

价值观相同的人，总是能心有灵犀；而价值观不同的人，怎么都不在一个频道上。根本的价值导向不同，怎么会不产生争论和分歧呢？

文化背景各异，彼此视角不同

文化背景，指对人个性产生影响的物质文化和精神文化环境。在不同历史时期、民族和地区，人们所创造、积累和发展起来的文化之间存在很大的差异。

举例来说，相声大师侯宝林先生早年间因事去上海，剪过头后，老师傅问："侯大师，侬要不要'打一打'？"

侯大师听了吓了一跳，说："我又不是不给钱，为啥还要动手？"

在朋友的解释下，他才明白上海的"打头"原来指的是洗头。

　　文化背景的不同，会造成人们认知上的差异。同时文化背景也常常决定了你看待事物的视角。

　　以上就是我们在沟通时，产生的四大沟通误区。在与人沟通的时候，我们一定要注意这四个方面，规避沟通误区，获得沟通的捷径。

认知偏差：别让你的大脑继续欺骗你

某天，一位男士在上班前忘记了吻别他的妻子，并显出一副心事重重的模样。他的妻子因为这件事情非常伤心，认定他今天的行为异常，有可能是不爱自己了。妻子以此事为出发点，陷入了情绪内耗中。晚上，妻子难过地跟他提起这件事，并询问他是否爱自己。男士感到非常震惊，因为他今天之所以不在状态，仅仅是因为他喜欢的足球队输了球，和他的妻子毫无关系。

这件事听起来非常无厘头，但在我们的生活中却屡见不鲜。很多夫妻或情侣闹矛盾，都是因为这样或那样的小事。经过分析，我们发现故事里的这对夫妻陷入到了一种认知偏差中。

认知偏差就是指人们容易根据表面现象或者虚假、不全面的信息，来草率地对他人做出判断。因为他们对事情的前因后果了解得不够全面、深刻，从而出现了判断失误的情况。

既然生活中经常出现这种现象，那么有哪些比较常见的认知偏差，需要我们规避呢？

行动者—观察者偏差

行动者—观察者偏差指的是：如果我们在生活、工作中遇到了某一问题，往往会趋向于从外界找原因，觉得事情干不好不是自己的错。但当我们不是事情的执行者时，就会趋向于从执行者身上找原因，认为执行者的能力不足、性格不好、态度不端正，等等。这就是我们通常所说的"双重标准"。比如：你上班迟到是因为你懒，工作没做好是因为能力不够；而我上班迟到是因为路上堵车，工作没做好是因为上级在布置任务的时候，没有将意思传达清楚……总之，这些都不是我的错。而就算是我犯错误了，那也一定是客观条件导致的，跟我个人没有太大的关系。

归因偏差

归因偏差指的是：人们在对他人的行为进行归因时，无意地高估其内在因素，如能力、努力程度、智力等，而低估情景因素。

举个例子：一位女士在公交车上因为没有给老人让座而遭受众人的非议。她不得不跟大家阐明事实——她是因为怀孕了，身体实在不舒服，才没给老人让座。她这么一解释，众人也就觉得她不给老人让座是情有可原的。

在这个例子中，众人最开始的行为就是归因偏差。因为他们只看见了事情的一部分，而不是全貌。就根据这一部分，他们就非常草率地下了结论。

自利偏差

自利偏差指的是：当我们在寻找问题的原因的时候，会尽可能寻找一些对自己有利的因素。例如，当情侣处于异地恋的时候，男孩在电话里的某句话伤了女孩的心，男孩反复问女孩到底是哪句话，女孩又不肯说。这时候，男孩往往就开始烦躁，说话也会更加难听，因为他觉得女孩莫名其妙。听到男孩的话，女孩会更加生气……双方就此陷入了无休止地相互指责中，他们都认为两个人之间的矛盾是对方造成的，自己根本就没有责任。

这就是心理学家所说的"自利性偏差"——把成功归因为个人，把失败归因为他人；对别人的成功做情境归因，对别人的失败做个人归因。因为我们心里的假设是：一定是对方没事找事，故意挑起矛盾。

认知偏差分为有意识认知误区和无意识认知误区。有意识认知误区，指的是我们知道误区的存在，也在尝试着解决这个问题，但个人情绪和长期的习惯使我们无法突破自身的限制，从而无法解决问题。无意识认知误区，指的是我们在不知不觉中陷入到了沟通误区中。而我们陷入这种误区，主要源于沟通中的三个陷阱，即：**无助者心理、无辜者心理、受害者心理。**

1.无助者心理

我们沟通训练营有一名叫茜茜的学员，结婚后和公婆同住，每天都很不开心。因为她惧怕自己"不想和老人同住"的想法会伤害家人感情，所以一直压抑自己的内心需求。但因为心中不满，她总是没办法控制自己的情绪，在老公和公婆面前从来也不笑，家庭关系慢慢变得很糟糕。

在我们的现实生活中，像茜茜这样的无助者有很多，他们在遇到问题的时候总感觉很无力，在跟人沟通时也容易把自己的消极情绪传递给别人。无助者往往会把自己放在一个没有任何选择的境地里，或者是用沉默的方式让自己和别人越走越远。

可是，如果你没有试着去做，怎么知道自己没有解决问题的能力呢？

2.无辜者心理

杰森因为延误工期被老板撤去了项目负责人的职务，可他却认为自己为这个项目付出了很多，不但没有得到任何回报，反而被撤了职，这对自己很不公平。况且他延误工期只是为了让这个项目更加完美，自己是无辜的，不应该为这件事负责。

从这个事情中，我们可以看出自以为无辜的人往往会无视自己的过失，反而将过失归咎于对方。试想一下，一个总是觉得自己无辜的人，怎么能承担起一个团队的领导任务呢？这样的人能得到别人的尊重和信任吗？

3.受害者心理

在我们的现实生活中，总会有人觉得自己是受害者，他们通常会有以下言辞：

某女士抱怨道："我活得很不快乐，先生出差一年半载，那是常有的事！"

某男士跟妻子大声说："上司很不欣赏我，所以我的心情整日都很低落！"

某年轻妈妈哀叹说："我的孩子整天调皮捣蛋，不喜欢学习，我真的很抓狂！"

有受害者心理的人认为自己在生活中遭受的一切磨难都是别人造成的，与自己无关。抱有这种心态的人，总是喜欢猜测别人的动机和意图，觉得对方的一言一行都是给自己"挖坑"。于是在与他人沟通的时候，总是充满了不尊重和不信任。

当我们受到"受害者心理"驱使，说出一些不该说的话时，往往是下意识的。这个时候，即使我们并没有说出特别难听的话，对方也能感觉到自己没有得到尊重。

那为什么我们会有受害者心理呢？这种心态，其实是因为我们在潜意识里对自己的放弃。既然是受害者，那么就意味着自己不需要对结果负责。"受害者们"会认为自己的人生已经无力改变了，于是就放任自己陷入"情绪泥沼"中，让自己的大脑继续欺骗自己，采取既不负责，也不行动的放任态度。

当我们让自己成为无辜者、无助者、受害者时，一定要记得先停下来，思考自己的想法是否客观，然后督促自己成为参与者和行动者。在沟通的时候，也要理解对方，这是让沟通进行下去的最好方式！

同理心，让沟通具有超强穿透力

在工作中，沟通是为了解决工作上的问题。从商业角度来看，职场上的沟通都是奔着共赢的目的去的，有效的沟通可以让双方在互动中实现这一目的。但要达成有效的沟通，并不容易，因为这会受到很多主客观因素的影响。

接下来，我将跟大家分享几个在职场沟通中常见的问题。

领导交代的工作任务与下属交付的工作任务不一致

沟通训练营的学员阿华前几天"吐槽"过这样一件事：

他的领导在参加了一个题为"创建全国文明城市"的会议后，就对阿华说："你明天的工作任务是出去看看光明区的下水道井盖是否全部盖好了。"

在接到领导布置的工作后，阿华很快就完成了任务。但出乎意料的是，他不但没被表扬，领导还批评阿华只检查了下水道井盖是否盖好，而对街道上共享单车随意停放的现象视而不见。

阿华一时"丈二和尚摸不着头脑"，可也不敢质疑领导。

领导说："我们的任务是创建全国文明城市，难道你不知道共享单车随意停放不合规吗？"领导说这话的时候，明显忘记了他并没有告诉阿华关于创建文明城市的事！那只是一个小规模的领导层会议，阿华根本就没有参加。领导认为这只是决策，不需要向下属传达会议精神，只需要让下属按照交代做事就行了！

像阿华这种情况，我们在工作和生活中经常会遇到。很多领导都认为下属只需要执行任务，不需要跟他们沟通，但问题是下属们对自己所要做的事情，没有充分、全面的了解，又怎么会将事情处理好呢？久而久之，彼此之间就会出现隔阂，下属会觉得自己只是个局外人，工作的积极性自然会降低，影响整个团队的发展。

所以，企业的管理者要尽可能和下属进行良好的沟通和交流，他们知道得越多，才越会以主人翁的姿态来完成工作。

下级在和上级沟通时，不敢明确提出自己的要求

在面对老板提出的要求时，员工虽然明知不可行，但又不得不去执行。在执行的过程中，遇到困难时，就归因于自己能力有限。

员工既然明知会是这样的结果，为什么不早说呢？归根结底是心中畏惧，不敢明确提出自己的想法。

敢于向上级提出自己的想法，春秋战国时期墨子的学生耕柱就做得非常好。

墨子在讲学的时候，常常批评耕柱，耕柱觉得很委屈。一天，耕柱愤愤不平地问墨子："老师，难道在这么多学生当中，我已经差劲到要常遭您老人家责骂吗？"

墨子听后，毫不生气地说："假设我现在要上太行山，依你看，我应该用良马来拉车，还是用老牛来拖车？"

"良马。"

"为什么不用老牛？"

"良马足以担负重任，值得驱遣。"

墨子说："你答得一点儿也没错。我之所以时常责骂你，只因为你能够担负重任，值得我一再地教导、匡正你。"

于是，耕柱听了墨子的解释，心中释然，之后与墨子的沟通也顺畅多了。

其实，在我们的工作中，大部分时候领导并没有为难你的意思，是你自己给自己施加了过多的思想压力。要知道，坦诚是交流的基本原则。

平级沟通时，容易先入为主

在日常工作中，同事之间、部门之间难免产生交集，因为沟通问题而引发的纠纷不在少数。这时候，有效沟通就显得尤为重要。

我之前公司的一位女同事十分漂亮，她是老板的秘书，同老板的接触比较多。那时候，我们这些同事显得特别"八卦"，总是怀疑她和老板有暧昧关系，看她一举一动都觉得别有深意。后来，当我们知道她是老板的女儿时，又觉得她的一举一动很正常了。

一家优秀的企业，最重要的是团队之间要精诚团结和紧密合作。因此，平级之间的沟通十分重要。平级之间要想沟通好，就必须开诚布公、相互尊重。如果虽有沟通，但不敞开心扉，就很难达到沟通的效果。

以上这些，是我们在职场中面对不同的沟通对象时会遇到的问题。在遇到难以沟通的情况时，我们只要记住一点：**懂得换位思考和有同理心，是实现有效沟通的一个重要因素。**

阻碍亲子关系的四种沟通思维陷阱

沟通是连接家庭关系的重要桥梁，在家庭教育中非常重要。我们在与孩子进行沟通的时候，需要掌握方法，切忌用冷言冷语伤害孩子。但我们传统的教育方式一直存在很多误区，例如：

热衷于攀比

从小到大，我们可能听过无数遍"别人家的孩子……"这样的话。很多家长都热衷于拿别人家孩子的优点来和自己家孩子的缺点比较。可他们却没意识到，正是这种比较为双方不畅的沟通埋下隐患。

家长采用比较的方式是为了给自家孩子一个努力和奋斗的目标。但事实上，这样的方式不仅很难起到激励的作用，还会损害孩子的自尊心和上进心，甚至伤害孩子与父母之间的感情，导致亲子关系紧张。

其实，孩子与孩子之间根本没有可比性，不同的孩子的成长环境、生活经历都不同，父母要尊重双方的差异。聪明的家长懂得发现孩子的闪光点，也懂得如何与孩子沟通，在他们眼里，自己的孩子就是最优秀的，这种情绪会传染给孩子，会使亲子关系更加和谐。

强行说教

很多父母认为说教是为了孩子好，自己的经验之谈能让孩子避开很多误区，如果孩子听自己的，他一定能有一个幸福美好的未来。可是，他们通常只顾自己说，却忽略了孩子的感受。"说教"的一个最大的误区，就在于父母忘记了教育的特点——浸透性。这种浸透性主要体现在父母对孩子的言传身教上。

父母是孩子最好的老师，孩子需要的是父母为他们传递正能量，他们才会不自觉地跟随父母的脚步。如果父母只是一味地说教，不对自己严格要求，不仅会让孩子产生逆反心理，还会让他们陷入自我怀疑之中。

所以，父母也要身体力行，多引导，少说教。如果要讲道理，也要注意说话的方式，讲出的话要短暂有力，也要有理有据，这样孩子才乐于听。

态度强硬

很多家长喜欢以讲条件的方式来诱导孩子，比如他们会说以下的话语：

"如果你考试考了100分，我就奖励你一部手机。"

"如果你帮我做家务，我就带你去少年宫。"

……

但是家长在说这些话的时候，可能没有意识到，他们的这些话其实暗含着"潜台词"：如果你不配合我，你就得不到你想要的。孩子可能一时会顺从，但从心理上是相当排斥的。

还有一些家长在和孩子沟通时，很难保持冷静，总是把一些警告性的语言挂在嘴边，如"你不能""不许""不准"……长此以往，孩子会逐渐失去和家长交谈的兴趣。

过于主观

"一千个人眼中有一千个哈姆雷特"。同样，一千个父母的眼中，也有一千个不同的孩子。

我们会基于自己的学识和经验，对这个世界做出一定的价值判断，它具有鲜明的主观性。同时，我们也会囿于自己的学识和经验，故步自封。

我们会认为具有某一种性格特征（比如外向的性格）的孩子更加有前途，所以我们更倾向于培养孩子的领导能力和组织协调能力。可是，每一种性格都有其独特优势，内向者不是不优秀，他们虽然不善于表现自己，但他们更擅长进行深入思考。此外，内向的人也更有当领导的潜质。

　　所以，我们不能按照自己的标准去改变孩子们。在成长的过程中，他们会按照自己的节奏找到人生方向，建构自己的世界观和价值观，过自己想要的一生。

　　家长应该学会换位思考，与孩子平等对话，因为他们也有权利发表自己的观点。我们要让孩子感受到自己存在的重要性，让孩子明白父母很尊重他。只有这样，父母和孩子之间的沟通才能顺畅，亲子关系才能更和谐。

04

掌握特定心理模式，
　天下没有陌生人

选择性注意：巧用心理刺激和唤醒勾起对方的兴趣

大家应该对《三国演义》中"诸葛亮舌战群儒"这个场景不陌生。当年曹操率百万大军进攻孙权，孙权被其气势吓到，一时拿不定主意，在战与和之间徘徊。作为刘备的军师，诸葛亮自然希望能联合孙权对抗曹操。他在前往说服孙权的时候，并没有先将自己的观点抛出来，而是尽量放大曹操一方的强大——马步水军共一百余万。

孙权当即被吓傻了，表示这不太可能。这时候诸葛亮列举出了数据："曹操在兖州时，就有青州军20万；平定河北，又得五六十万；在中原招新兵三四十万，现在又得荆州兵二三十万。算算也有一百五十万了。我说一百万，是保守估计，怕吓到你们。希望您考虑考虑，毕竟曹操想要吞并您已经不是一天两天了，如果您觉得自己能打败他的话，那就打吧；如果不能，那投降也是个明智的选择。"

孙权听后脸色大变，因为没有谁喜欢一上来就劝他投降的人。于是孙权问他："你的主公刘备当时被曹操追击的时候，手下也才不过一两千人，那他怎么不投降？"

诸葛亮义正词严地说："当年齐国的田横也不过是一名壮士，尚能不受侮辱，何况是我那贵为王室后裔的主公呢？胜败乃兵家常事，我们怎么能屈居人下？"

这话刺激到了孙权，他心里想，手下仅有一两千人的刘备都有如此气节，我如果投降，那岂不是要被天下人耻笑？就这样，诸葛亮用激将法在孙权心中埋下了一颗抗击曹军的种子。不久之后，孙权就决定与刘备联合与曹操决一死战，这才有了名垂青史的"赤壁之战"。

诸葛亮为什么要采取这样的方式来游说孙权呢？因为他知道让孙权知道兵马少的刘备拒不投降，就会对兵强马壮的孙权产生莫大的心理刺激，让他不停地思量："难道我还不如手下只有一两千人的刘备吗？"

心理学家认为，沟通是信息的传（刺激）与受（被刺激），即发送者凭借一定的渠道将信息传递给接收者并寻求反馈，以达到相互理解。所以，沟通不仅仅是简单的语言交流，要懂得用有效的心理刺激和心理唤醒去勾起对方的兴趣，从而达到你想要的效果。

我们的生活中常常充斥着各种信息——电视上的各种节目、路边的各种广告，以及我们与他人所进行的语言或非语言的交流等。面对纷繁复杂的信息，我们有时会感觉应接不暇。人的注意力是有限的，人的选择性注意就是人们为适应这种多信息的社会。它就像是一个过滤器，能对充斥在我们周围的信息进行筛选，需要的信息予以保留，不需要的则被过滤掉，帮助我们减轻负担。

同样，那些不被沟通对象注意的刺激，也是无法达到某种沟通效果的——就像在课堂上神游的学生即使在听课，也很难理解课程的内容。因此，"授"与"学"的沟通交流过程，实际上是中断的。

那么，我们要如何做才能引起对方的注意，让他们不至于选择性忽略我们所要传达的有效信息呢？经过心理学家研究，下面四种情况最容易引起人们的关注：

你所给出的刺激同对方的需求息息相关；

你所给出的刺激被对方预测到了，你不过是让他确认了自己先前的想法罢了；

变化比较明显的刺激；

与其他刺激相比，比较特殊的刺激。

当你与他人沟通，如果所传递的信息属于这四种情况，便非常容易引起人们的注意，沟通自然也变得轻松、简单。

我们向对方传达信息的最终目的，自然是想让对方接受、认可。因此，我们在给大家传达信息的时候，除了注意传递的信息要符合以上四种情况之外，还要注意信息自身的特点：

利益与损害——毋庸置疑，人们会对给自己带来利益或损害的刺激，报以绝对的注意；

比较性——人们容易注意到那些特殊又带有刺激性的事物；

易获得性——人们只有在获得了一定的信息后，才有兴趣对其进行下一步了解。如果刚开始的信息很难获得，人们会很快丧失兴趣。

　　选择性注意，是我们与生俱来的特质，很难消除。这就要求我们在沟通中去主动引导对方的注意力，把握他们的心理特征，实现良好的沟通。

刺激捕获：小心你的话语权被对方迁移

在沟通中，我们的沟通对象常常会被一些无关的事物所吸引，这可能会让沟通的效果大打折扣，心理学上称之为"刺激捕获"。虽然有时候人们的话题是自己，但如果环境一旦发生改变，或是有新的事物出现，他们的注意力会在不知不觉中发生转移。

诸如此类的"刺激捕获"，会打乱我们分配注意力的节奏。也就是说，假设我们最初的注意力是集中在某个目的上的，这时候突然出现了一个新的刺激，它可能会立刻吸引我们的注意力，从而让原本的那个目的变得不再重要。

有位教授曾经讲了这样一个故事：

有三只猎狗正在追一只土拨鼠，突然土拨鼠钻进了一个树洞，但从树洞的另一边跑出了一只兔子。这只兔子为了逃命，飞快地向前跑并跳上了一棵大树。不过由于它太过惊慌与恐惧，又从树上掉了下来，正好砸晕了正在仰头看的三只猎狗。就这样，幸运的兔子逃脱了。

教授讲完这个故事之后，让学生们分析这个故事。

有人说："兔子怎么会爬树呢？"

也有人说："一只兔子不可能同时砸晕三条猎狗，这个故事不可信。"

教授说："你们的分析都不错，可是最重要的事情你们却没有问——土拨鼠哪里去了？"

这时学生们才有所顿悟。这个故事所隐喻的正是人们受到"刺激捕获"的影响——人们并没有持续关注自己最初的目标，而被环境中出现的新的刺激转移了注意力。

在沟通中，我们也常常会受到"刺激捕获"的影响，被对方抛出的富有吸引力的观点抢走话语主动权。这时候，我们要学会化"干扰"为利用，牢记自己的沟通目标，掌控沟通话语权。另外，为了避免自己的观点不够吸引人，我们要学会用语调、表情、动作增强说话的感染力。

美国前总统约翰·肯尼迪的演讲技艺非常高超。每逢他演讲的时候，观众的目光就像是被磁石吸引住一样，再也无法移开。经过分析，我发现他非常善于运用手势来表达自己，有时候甚至还会左手叩击右手，借此来展现自己的气势。

在听演讲中，走神是不可避免的，但富有冲击力的手势、动作无疑会吸引人们的注意力，很轻松地把听众再次拉回到演讲之中。

认识到这些，就会对我们的沟通有一定的启示意义：

在沟通的过程中，我们要牢牢地守住自己，不能受到外界的影响。

在与他人的沟通过程中，我们可以选择合适的刺激方式或者刺激物，促进沟通顺利进行。

与人沟通，必然会刺激我们的大脑。这种刺激分为两个方面：一种是通过眼神、动作、语言而产生的对别人的刺激；另一种是外界的新刺激。一般我们想要的，均是与我们的沟通目标所相关的刺激，但它又不可避免地受到外界刺激的干扰。因此，我们需要做的便是化干扰为"有利信息"，促进沟通目的的实现。

在处理任何事情时，我们都要考虑到"度"，沟通也不例外。我们一定要抓住他人的注意力，而不是唠叨个没完，这样只会起到反作用。受到过度的刺激，人们可能会适应，也可能变得比刚开始更糟糕。

人们很可能会被同类刺激之中的差别所吸引，一次成功的沟通也由此展开了。如果人们感受不到差别，所受到的是一种过度刺激，那么会有什么样的沟通效果呢？

凯丽睡觉非常轻，经常失眠，但凯丽的老公睡觉总是打呼噜，他想尽各种办法也没克服，因为打呼噜这种事是没办法用意志力来控制的。但没想到的是在婚后的半个月，凯丽竟然慢慢习惯了呼噜声，并且可以毫无影响地入睡，这是为什么呢？

我们都知道，打呼噜的人入眠特别快，几乎是沾到枕头就能睡着。和一个爱打呼噜的人在一起睡觉，对一个睡觉很轻的人来说是一种折磨，但凯丽却适应了，真有点不可思议。在这件事情中，凯丽显然是被动的接受者，这种过度刺激最初影响了她的睡眠，但她最终却接受了这种刺激，并慢慢习以为常。在我们的现实生活中，有很多类似的过度刺激下的沟通。受这种刺激的影响，我们的沟通效果不尽相同。

因此，或弱或强的刺激对沟通来说并不是最合适的，而恰到好处的刺激或许才应该被传达给人们。所以，请记住，无穷无尽的唠叨或指责，在生活当中从来都达不到你想要的结果。

前注意加工：
为什么相同的话题，不同人会有不同的解读版本？

综艺节目上经常会有一个"你做我猜"的游戏。在这个游戏中，做动作的人感觉自己已经表现得非常明显了，但猜的人却毫无头绪。其实，这都是因为我们大脑的运行程序的不同而导致的。正是因为这种差异，我们说的话对方不一定能理解。

接下来我就用心理学的知识，给大家详细地讲解一下出现这种情况的原因。

我们接收到的所有信息都会在脑中进行二次加工，所以相同的信息在不同人脑海中会不尽相同。在意识的参与下，人们开始注意来自外界的刺激，接着进行辨认、分析、确认和记忆。也就是说，人们是从有意识地注意来开始认识各种刺激的。事实上，存在着这样一种情况：当人们对很多复杂的信息进行加工时，有可能是没有注意和觉知的。这种加工模式便是心理学上所说的"前注意加工"。它发生在信息加工的早期，更确切地说是发生在个体产生注意之前。

"前注意加工"通俗来说就是当人们接收到某一刺激时，大脑相关区域便已经开始了一定程度的加工工作。

举个例子，当你和朋友逛街时，你也许会有这样的经历：朋友突然朝着熙熙攘攘的人群说道："看，那个军人真帅！"

接收到这一信息的你会有什么反应呢？一般来说，你会立刻抬头朝着来往人群展开搜索。刚开始只看见穿着各种各样衣服的人，然后你的第一反应是："我怎么看不见？"

接着，你会换一个方向或者缩小范围再次寻找，直到看见一个身穿绿色衣服的人，你才会停下搜索的目光，开始认真注意这个朋友所称的"真帅"的人。

在你发现目标（军人）之前，你只是在大范围地搜索，并不能立刻注意到是哪个人，这个阶段便是"前注意加工"。因为从收到刺激（一个帅的军人）到真正注意到这个军人之前，你已经进行了加工——确定某个范围内并没有这个人。

心理学家发现，在"前注意加工"的影响下，人们能熟练地从环境中找到某一由单独特征定义的客体，这最早是由认知心理学之父奈瑟尔提出的。

人们能够非常迅速而娴熟地从某个大环境中确定自己所要寻找的客体，这就是大脑"前注意加工"对我们施加的影响。"前注意加工"让人们在众多刺激之中寻找目标，有时可能会提高信息加工的速度，但有时也会在无意中遗漏掉一些有用的目标信息。

这和"开口之前，已定三分"的道理是一样的——在我们说出某些话之前，其实这些话是一系列加工之后的最后结果。

当然，除了知道"前注意加工"，我们也要知道大脑是如何对信息进行加工的。

其实，我们在和他人沟通时，不管清楚与否，一般都会围绕某个话题而展开。我们还会针对这个话题做出自己的某种假设——或因为喜欢而畅所欲言，或因为反感而保持沉默。这个反应过程便是我们大脑对信息的一种加工过程——**假设驱动加工**。

所谓假设驱动加工，又称为自上而下的加工，指的是当我们接收外界信息以后，人脑便随即形成对该信息的某种期待与假设。这种期待和假设，对后续加工的每个阶段都有显著的制约性，同时也会影响后续加工的深入程度。

现代心理学认为：人们过去的实践、认知、思维水平、现实刺激等与假设驱动息息相关，它们共同影响着我们的期待和假设。换句话说，即人们接触到刺激信息后的期待和假设，是建立在自己已有的知识和经验基础之上的，没有这个基础，期待和假设便是无根之水、无本之木。而这些期待和假设又引导了我们随后的加工。因此，我们的表达内容如果没有明确的注解，对方是无法完全同步的。

焦点效应：你并没有你以为的那么重要

澳大利亚心理学家斯坦摩尔以十名女士为被试者做了一项实验，他的目的是通过观察被试者的脑电图，来解释情景所产生的影响。

研究者给被试者播放广告，之后，研究者发现十名被试者左边的脑电图发生了明显的波动，这说明她们不喜欢此广告。于是，研究者开始转换广告——化妆品的宣传片，结果发现被试者右边的脑电图开始有所反应——一种喜欢的表现。

从这个实验中我们可以得知：不一样的情境能引起个体不一样的反应。如果让个体持续停留在不喜欢的情境中，双方的交流很可能向着不愉快或者假装喜欢的方向发展，而反应也会变得不真实。

王皓是一家外贸公司的公关部经理，当某项活动的策划方案出来后，他需要交给总经理审阅。但是，每次和总经理沟通时，总经理都是坐在椅子上，身体死死地靠在靠背上，仰着头、眯着眼和自己说话，这让他感觉自己就是为听从命令而来的。

这种不舒服的感觉，让王皓即使有不同意见也不敢说出来。而有时总经理还会临时改变策划方案，这让王皓及所在团队倍感措手不及。有一次，总经理的临时决定导致他们连续做了38个小时策划案，这让王皓倍感压力，他的很多手下因为受不了而辞职了。最终，他也不例外地离开了。

只有找到共同的情境，才能让双方因"共同"而产生亲近感。心理共同点的确不容易发现，但一旦被找到，对彼此将非常有利。

下面的几种方法，是解决沟通不良情境的可行之道。

引导话题情境

很多人在沟通时不知道和对方说什么，这反映的是彼此缺少共同话题。

大多数人在内心都希望得到别人的认同，即"求同心理"，表现为人们对那些和自己有着某方面共同性的人会产生更多的好感。这种"共同"的联系，能使对方更容易对你或者你们所讨论的事物产生亲近的感觉，也能使交流气氛相对愉悦。

设计相似、相惜的情境

如果沟通双方拥有很多类似的地方，那么也比较容易相互吸引，自然能促进双方关系的发展。这就是所谓的"老乡见老乡，两眼泪汪汪"。

找到心理共同点

如果沟通双方能寻找出彼此的共同点，沟通将非常顺利。在此，我建议读者朋友们通过以下三个方式来寻找彼此之间的共同点：

a.暗中观察，寻求共同点；

b.巧妙询问，探索共同点；

c.他人介绍，挖掘共同点。

沟通是在情境中产生的，必不可少的是沟通双方的参与。无论是哪一方，人们似乎都会有这样的感觉：我是沟通的核心，对方也是因为我想如何，才被关注的。

人们的这种心理所反映的，正是心理学上的"焦点效应"。**所谓焦点效应，指的是人们高估周围人对自己的行为、外表等的关注度。受其影响，人们往往会把自己当作一切的中心，并坚持认为他人时刻关注着自己。**

心理学家季洛维奇曾经做过这样一个实验：他让康奈尔大学的学生穿着某名牌T恤进入教室，穿名牌T恤的学生事先估计大约会有一半的同学注意到自己的与众不同之处。但是，最后的结果令人出乎意料：只有23%的人注意到了这一点——远远低于他的预期。

因此，人们经常认为的"他人注意着自己的一举一动"，实际上并非如此。人们把自己放在了核心的位置上，并不自觉地放大这种感觉，是人们的一种普遍心理。你会发现你身边满是戴眼镜的人——因近视而戴，为了追求漂亮而戴。但是，你却很少发现佩戴助听器的人，尽管有很多人的听力也很差。

根据英国和澳大利亚研究人员的调查发现，即使提供免费的助听器，人们也不愿佩戴。同时，研究还发现，人们不愿意佩戴助听器的真正原因，是人们对自己形象的关注——不想让他人发现自己有问题。事实上，佩戴助听器并不会引起别人多大的关注。

人们对自我形象常常会过度关注，也常常把自己当作沟通的中心，这种错误的认知及其带来的后果非常严重。

比如，在一次企业领导会议上，你作为总经理助理在一旁做着记录。突然，会议室的一声声响让你不自觉地惊叫了一声，而其他人并没有表现出什么，但你的想法却是：糟了，这下给总经理丢脸了，领导们该怎么看自己啊。在接下来的这段时间里你会一直低着头，不敢看任何人。更糟糕的是，当总经理让你给大家分发一份文件时，直到总经理第三次喊你，你才有反应。会议后，你不可避免地受到了总经理的批评，但好在没有影响公司的形象。

你对自己的失误过于关注，又引发了后来的失误。很明显，你忽略了整个沟通情境，把自己当成了整个情境的中心。

我们想要的是良好的沟通效果，而焦点效应让我们把自己当作了沟通的中心，这自然是不利于沟通的。然而，人们的这一倾向却可以逆向运用。

每个人都会有把自己当成焦点的反应倾向，但我们同样关注着其他人的行为和态度，并随之调整自己的行为。人们对他人的关注永远少于对自己的关注，因此沟通效果会不那么完美。

善用反馈，不做佛系沟通者

心理学研究表明：人与人之间的误会，80%都是沟通不到位造成的，而沟通双方的反馈方式，是能否沟通到位的一大重要因素。

比尔·盖茨曾经说过："鼓掌的速度会影响一个人的赚钱速度。"鼓掌，就是一种反馈方式，当你讨厌的人取得成功，你可能通过鼓倒掌的方式来嘲讽他。同时鼓掌还能体现团队的力量，当你的掌声越多，团队其他人员就会受到更多的激励，从而更加愿意付出。

心理学家赫洛克曾以106名四五年级的小学生为被试者，做了一项有名的实验。实验中，研究者将被试的小学生随机分为4组，让每组的孩子都做5天难度相当的加法练习，每天练习15分钟。每组的练习内容都一样，不同的是每次练习之后所受到的评价。

第一组的孩子会在练习后受到严厉的批评，不管他们是否做对了练习题——即"挨批评组"；第二组孩子会得到非常热烈的称赞和鼓励——即"受表扬组"；第三组孩子不会得到任何评价，只是让他们在旁边听前两组被试者所受到的评价（批评或称赞）——即

"被忽视组"；第四组孩子不仅得不到任何评价，还被直接隔离了起来——即"被控制组"。

5天后，研究者对这些孩子的学习效果进行了测试。结果发现：前三组孩子的成绩明显优于"被控制组"，成绩最好的则是"受表扬组"。同时，研究者还惊奇地发现，"挨批评组"的成绩还优于"被忽视组"。

也就是说，在人的心理投射中，适当的表扬优于批评，而即便是批评也比不给予任何评价要好。

而无论是表扬还是批评，都是一种反馈。反馈能让行为者了解自己的行为结果，并进一步强化其之前的行为。这一实验便被心理学家称为"经典反馈实验"。

反馈的方式有很多种，作为社会交往活动中的自然人，我们要如何利用"反馈"这一心理模式，让我们的人际关系更加和谐呢？我建议大家从以下三个方面入手：

选择适当的媒介

如果你在反馈时能选择一定的媒介，它将在无形中助你一臂之力。比如说，你利用身体语言来及时向对方做出反馈，会让对方感觉自己受到了尊重。在无法做到当面反馈时，你可以采用灵活快速、双向交流的电话方式进行沟通；或者采用正式、具有永久记录性的书面、电子邮件等沟通方式，这些都会让沟通效果事半功倍。

区分对人和对事的反馈

我们在面对不同的沟通对象时，也应该采取不同的反馈方式。

当你在赞美某人时，应尽量赞美这个人本身，而不是因为某事，这样会让对方感觉自己很优秀。相反，当你要批评一个人时，则应该对事不对人，让他感觉到自己并不差，只不过是因为没有做好这件事而已。

运用迂回战术反馈

如果对方已经明确意识到自己的错误了，却碍于面子不想承认，那么与其强势逼迫其承认错误，不如采取这样的反馈方式：

可以创造条件，让对方"无意中"听见你的意见和不满；

要学会给对方台阶下，让对方虽然没有承认错误，但也不再固执己见，在行动上承认你的观点；

让第三者说出"无心之言"，帮助你传达自己的意见。

反馈也是沟通的一部分，如果只有接收没有反馈，就不能有效地达成自己的沟通目标。希望大家在沟通过程中要注意到这一点，适时地给出反馈，并引导我们的沟通向有效的方向发展。

05

微表情、微动作：
人际关系中身体语言的秘密

如何用微表情提高人的透视力？

相信大家都遇到过这样的事：在你跟朋友提出要求时，刚开始都很顺利，但不知道为什么突然被拒绝了；跟伴侣沟通时，你觉得走不进对方的心里，不知道对方在想什么……因此，你们常常不欢而散。

是你不擅长交际吗？也不一定。

人际交往除了需要沟通技巧，更重要的是你要能通过表情，看到对方真实的内心情绪。你只有了解你的沟通对象，才可以针对他的真实想法，做出相应的判断，从而把握交流的主动权。

在沟通过程中，人的面部表情和肢体语言常常会泄露我们内心真实的情绪。微表情是我们真情实感的表露，它持续的时间非常短暂。科学研究表明：微表情出现的时间仅有1/25~1/5秒，它表达的是一种防御的、压抑的情绪，是一种人们试图掩盖的、难以被他人觉察的表情。因此，我们可以透过他人的情绪面具，来判断他们的真实想法。

在生活中，我们一贯用到的表情有喜、怒、哀、乐。但人类情绪产生时，所呈现的微表情却有六种。接下来，我们就来逐一分析这几种微表情。

惊讶

相信惊讶的表情我们都曾有过，人在惊讶的时候，五官会全都打开：眉毛抬高，眼睛瞪圆，嘴巴张大。从心理学的角度来说，眼睛睁大是为了看得更清楚，获取尽可能多的视觉信息，用以判断自己所处的环境是危险还是安全；眉毛的抬高则是眼睛睁大的附带结果；嘴巴张开纯粹是为了吸入更多的空气，从而蓄积起逃跑或者战斗所需要的能量。在这种情况下，只用鼻子呼吸效率显然比较低，不够储蓄能量！

我们在惊讶时，即便控制了眉毛和嘴巴，眼皮上的小动作却是很难控制的，所以，**惊讶的微表情有一个显著标志——眼皮上提**。当然，如果你仔细观察的话，会发现我们惊讶时在眼睛睁大的那一瞬间，整个身体也可能趋向于静止，同时还会倒抽一口冷气。

所以在人际交往中，当你的朋友出现惊讶的微表情时，你就必须想他为什么感到惊讶，然后根据你思考的结果，决定是恭喜他还是安慰他。如果他遇到了不好的事，你可以在能力范围内给予他适当的帮助。

愤怒

愤怒是人的一种常见情绪，在生活中我们多多少少都会遇见不舒心的事。

愤怒时，人的上下眼皮会紧绷，视线会高度集中。对比惊讶和愤怒的微表情，我们可以发现，重点在于眼皮和眼睛的不同，惊讶是眼皮上提，而愤怒则是眼睛睁大、视线集中，这往往表现了一种进攻的趋势。

如果我们注意观察的话，会发现人愤怒的前兆，是眉毛和眼睛之间的距离越来越短，视线也越来越集中。当我们和朋友交谈时，他们出现了这样的微表情，那我们就要注意了，这可能是我们不小心惹恼了朋友，是暴风雨来临的前兆。

愤怒不是一种好的情绪，如果它得不到有效疏解的话，会严重影响我们的身心健康，让我们日渐暴躁而富有攻击性。如果我们在日常生活中感知到了愤怒的情绪，那一定要合理宣泄，比如用健身、看书、看喜剧等方式转移注意力。

愉悦

相信大家都非常喜欢愉悦的心情，它是人的一种精神上的快乐，心灵上的满足。我们在心情愉悦的时候，最经典的表情就是笑。当然，笑需要眼睛和嘴巴的双重配合。所以，**愉悦的微表情出现后，人们眼睛向下弯的程度和嘴角上扬的程度是匹配的。**

开怀大笑时，我们的眼睛会眯成一条缝；莞尔一笑时，我们的眼睛会闭合，整个面容呈现放松的状态，嘴角也会微微上翘。人们笑的时候，如果眼睛和嘴巴弯起的程度不匹配，那他很有可能是伪装出来的笑容——"皮笑肉不笑"或者是"尴尬而不失礼貌的微笑"。

当我们表达自己的看法时，如果对方只是保持微笑并且静静地看着你，出现了"假笑"的微表情，这时候我们就要注意是时候结束话题了。

恐惧

心理学对恐惧的定义是：恐惧是一种我们面对负面刺激源或某种危险情境时，企图对抗而又没有能力消除威胁的基本情绪。

恐惧表情特征是双眉向中间皱紧，眼睛睁大，嘴巴大张。恐惧和愤怒的表情有些相像，都是皱眉、睁眼、张大嘴。但是眉毛的方向不同，人们在愤怒的时候，眉毛和眼皮往往是向下的；人们在恐惧时，眉毛和眼皮往往是上扬的。愤怒的时候，我们往往会大口呼气，这样有利于我们发出威胁对方的声音；但是在恐惧时，我们大多会深呼吸，为逃跑存储能量。

1872年，达尔文首次提出恐惧是人们一种原始的情绪的观点。同惊讶一样，不管是人类还是动物都有恐惧情绪，它是一种受到威胁时的自然反应。当我们感到恐惧时，身体产生的应激反应——屏气凝神、东躲西藏、或者肾上腺素飙升、奋起还击，通通来自不受大脑控制的本能。

恐惧虽然可怕，但我们仍然需要直面恐惧。在这娱乐渐趋同质化的当代生活中，许多人会通过蹦极、坐过山车、进鬼屋等方式来刺激自己——这样能让我们在恐惧中寻找刺激和愉悦，在战胜了它们之后更加自信。

悲伤

悲伤是我们放任能量流失的一种情绪。心理学对它的定义是：悲伤是由负面刺激源所造成的无法挽回的基本情绪反应，包含沮丧、失望、气馁、意志消沉、孤独和孤立等情绪体验。

当人们悲伤时，往往会哭泣，哭泣的表情非常常见——眉头紧皱、咧开嘴，很有可能流泪。**悲伤情绪的微表情是：眉头上扬，但眉毛整体保持下压。**

在日常生活中，如果我们仔细观察的话，会发现人在想哭的时候，上眼皮是向下压的，但当你努力睁眼，这时的上眼皮是向上抬的。一个向下的力，一个向上的力，就导致眉毛呈现出一种扭曲的状态。

当我们了解了悲伤的微表情后，在和朋友交谈中，我们就会敏锐地捕捉到哪些话题是朋友不想触碰的"禁忌"，这时候，我们最好不要提起朋友的伤心事，还是换个话题为妙。

厌恶

厌恶的经典表情是人的整个面部都皱在一起：眉毛紧紧皱起，双眼微闭，鼻子皱起，上嘴唇努力上提，下嘴唇努力上顶。**厌恶的微表情最重要的特征是鼻子上提并向两侧拉伸。**

了解厌恶的微表情，不仅可以让我们多了解朋友和同事，在他们表现出厌恶的情况下适可而止，同时在商务谈判中也大有裨益。因为你可以通过识别对手的微表情，了解到他对你提出的哪个条件不满意。这个时候，你就需要换个话题或者换个说法来转移对方的注意力，让他放松下来。

微表情是我们掩饰不住的，它常常在我们试图隐瞒内心真实的情感和体验时出现，但由于我们内心的情绪是受到压制的，因此微表情出现的时间会非常短暂，很难被人察觉。

脸部微表情在反映一个人的情绪中占有很重要的地位，它是我们观察人们内心世界的几何图。掌握好这六种基本情绪所对应的微表情，能提高我们的透视力，让我们在与人交往或谈判时游刃有余。

身体语言更懂你的心

在日常生活中，我们一定遇到过这些问题：与陌生人初次见面，如何用最短的时间了解这个人？面试的时候，如何表现得更加自信？怎样判断男朋友或女朋友有没有生气？

除了微表情，如果我们能通过观察行为举止来了解一个人，便能更进一步揣摩出对方的意图。比如一坐下就跷二郎腿的人，充满自信；边摸下巴边说话的人，通常个性拘谨、警戒性也很强；不自觉地摸额头的人，代表着他有意回避某些事情。

那微动作会如何帮助我们在人际交往中更好地洞察他人的想法呢？首先我们来说说双脚所传达出的心理暗示。这里我简单归纳了几种脚部姿势，只要我们足够用心，便可以发现一个人内心的秘密。

双脚隐藏

突然将一只脚藏在另一条腿的后面，是一个人感到紧张和不舒服的表现。这个时候，他可能无意识地泄露了自己内心深处的秘密。

我们不妨回想一下，当我们进入陌生的环境时，是不是非常喜欢做出这个动作？这是隐藏自我的表现。我们在面试的时候，常常喜欢双脚并拢并伸到椅子下方，这种姿势可以让我们有安全感，但也恰恰暴露了我们内心深处的不安和担心。

双脚摇晃

日常生活中，我们很少会注意到他人双脚的情况，我们在谈话的时候习惯于平视，往往选择性忽略对方的腿部动作。

晃动双脚的行为，是一种不耐烦或者厌倦的表现。如果你的交谈对象出现了这样的行为，说明他对你或者对你们的谈话内容没有多大兴趣。这个时候，你最好知趣地适可而止。

双脚合拢

如果一个人双脚合拢站在地上，看着非常端正，他可能是一个直率、坦白的人。因为这类姿势通常来说比较正式，给人的感觉是友好而可靠的。

通常说来，学生面对老师、下属面对老板、士兵面对军官时，往往会用这个姿势。经常出现这种站姿的人，性格温和，不太善于拒绝别人，容易满足，不争强好胜，但往往也缺乏开拓和创新精神。

双脚交叉

双脚交叉的姿势是一种"抑制"的表现，如果一个人在你面前做出了这个动作，说明他在隐藏和压制自己的情绪。他可能对某人某事采取了保留的态度，可能会警惕和防范，并尽量压制自己紧张和恐惧的情绪。他们试图通过这样的姿势来掩盖自己的内心，这是一种防御性极强的姿势。

我们沟通训练营的学员曾告诉过我这样一件事：某次他向一位30多岁的女性推销产品没有成功，他觉得他们在聊天时感觉非常舒适，但是不知道这位女性为什么拒绝了他。

后来，他回到公司询问经理，经理问他："在交谈过程中，这位女士是否保持双脚交叉的姿势？"

他想了想，说："的确如此。"

经理跟他分享了那位女士双脚交叉所暗藏的潜在信息，并告诉他如果他早些了解这些知识的话，就可以通过努力瓦解那位女士的防御心理，最终的推销结果可能会大大改变。

谈完了双脚，接着我们再来说说手部动作所表现出的心理反应。其实人的十指能传达出非常丰富的信息。在平时的生活里，相信大家肯定都用过竖起的大拇指来表扬别人，为胜利欢呼雀跃时会用"V型"手势来表达。所以在现实生活中，我们每个人都是使用手势的高手，只是我们从未留意罢了。

"塔尖式"手势

塔尖式手势，指的是我们左右手的手指指尖相对或相交，形成近似塔尖的形状。同时，根据"塔尖"的指向，我们将其分为"上耸式"和"下垂式"两种。上耸式手势指的是指尖朝上，下垂式则与之相反。

大多数自信的人喜欢使用上耸式塔尖手势，以显示自己的自信和意气风发。在职场上，我们会发现老板喜欢用这个手势，这会让他们觉得非常自信。当他在会议发言时做出这个手势时，他的潜台词就是："我是老板，你别插嘴。"

我们沟通训练营的学员王皓曾经做过一份非常不喜欢的工作，当时他整个人异常焦虑，甚至日渐颓废，产生了自我怀疑。不久后，他在我们的鼓励下重新找了一份自己喜欢的工作，感觉整个人都轻松和自信了许多。而在这个时候，他发现自己越来越喜欢用塔尖式手势了。

而下垂的塔尖式手势较之上耸式手势显得更加含蓄，虽然也是一种自信的表现方式，但表现力度稍稍有所欠缺。

心理学家研究发现，女性不论是在对别人发号施令，还是在聆听别人说话时，她们都喜欢用倒置的塔尖手势，含蓄地表达自己。

十指交叉紧握手势

我们来设想这样一个场景：你的谈判对手坐在你的面前，十指紧紧地握在一起，然后上身前倾，告诉你："我这个人非常开明和真诚，我希望能和你达成一个令双方都满意的结果。"

你会怎么看呢？

坦诚的动作是外放的，内收的动作往往表明他有所保留；摊开的手掌表示坦白和真诚，紧握的拳头则正好相反。通常来说，人在面临压力，并且觉得自己要进行防御的时候，往往会将十指交叉紧握。这样的动作，也很有可能表明一个人在强烈地压抑自己的愤怒。

紧握的拳头有时也会被用作强调，这个动作在慷慨激昂的演讲中会比较常见。很多演讲者热衷于举起拳头在空中挥舞，这就表达了一种强烈的情绪。同时，藏起拳头意味着隐藏自己的情绪。

达尔文在《人类和动物的表情》一书中写道：紧握的拳头表示一个人的决心、愤怒，这是一种隐含的敌意。当一个人做出这样的动作时，其他人会受到感染，也做出一致的动作。尤其是这种情形发生在双方争吵时，这样的动作很有可能引发一场肉搏战。

一个人若将自己的双手交叠紧握，那么说明这个人很焦虑。这个动作和紧握的拳头经常相伴出现。若一个人被要求回答严肃问题或解释自己的反常行为时，这种姿势就非常常见，说明他非常紧张。

所以，在日常生活中，如果我们发现自己的交谈对象出现了这种手势，你就应该让他放松下来，以缓和你们之间的气氛。

你的眼神是内心的一面镜子

俗话说：眼睛是心灵的窗户。这扇窗户里不仅有我们内心深处隐藏着的情绪和情感，更重要的是，这是一种展示自我的方式。你的朋友能通过你的眼神感受到你的内心世界，从而更加深入地了解你。

一个年轻的漂亮姑娘换上了新衣服，化了精致的妆容，当她踩着高跟鞋走在马路上的时候，她通常会流露出一种目视前方、对任何事物都熟视无睹的眼神。这时候，她眼神之中暗含的意思就是：我如此漂亮，我如此高傲。

同样的道理，当你走在路上左顾右盼的时候，你周围的人都会不由自主地捂紧自己的钱包，因为你的眼神暴露了你的内心想法。

接下来，我们就来谈谈不同的眼神所代表的不同含义。

眼球向斜下方移转

这是一种藐视的眼神，它代表着拒绝、轻蔑、瞧不起，竞争对手之间往往会出现这样的眼神。若异性之间出现这样的眼神，并且脸上带有一丝笑容的话，则表示他（她）对你有兴趣。这种眼神常常出现在女性身上，如果你发现一个女人用这样的眼神看你，毋庸置疑，她对你很感兴趣。这时候，你可以大胆同她攀谈。

眼神迷茫，看向远方

小羽前些天求婚失败了，在他浪漫的求婚仪式下，心仪的女孩却迟迟没有给出答复。那天他求婚的时候心情特别激动，他喜欢的女孩却眼神迷茫，看向了远方，支支吾吾地给不出一个答复。他十分苦恼，不知道这女孩怎么了。

在小羽向我们咨询的时候，我们才知道小羽和这个女孩是通过相亲认识的。女孩很漂亮，大方得体，他非常喜欢，认为找到了命中的挚爱。交往不到三个月，他就提出了结婚的请求。

我们让小羽非常真诚地问一问女孩为什么拒绝了他，结果女孩在他的询问之下大哭了起来。原来，她一直都忘不了前男友，之所以迅速地和小羽谈恋爱，也是为了让自己从失恋的阴影中走出来，她根本就没有结婚的想法。

小羽告诉我，他在那一刻终于明白了那个女孩眼神迷茫，看向远方的意义——因为她心有所属，对他根本就不感兴趣。

如果在商务谈判中，你的谈判对手不时地看向远方，那么说明对于你所提出的条件，他是不满意的。如果你正在和对方谈一项生意，他不时地向远方看去。这时你就要注意了，你最好不要将货物出售给他，也不要接受他的货物。因为他可能支付不了货款，或者预备出售给你的货物是次品。

眼神发亮，略带阴险

当一个人用略带阴险的眼神凝视你时，这就表示了他的敌视和憎恶。

在受到朋友的误会时，你将被曲解的事实向他解释说明，他往往也会出现这种眼神，这种眼神表示不信任。

初次见面，对方出现这种眼神，你就应该审视自己是否有失礼之处。若没有，那对方极有可能是从其他渠道听到了一些不利于你的谣言，从而有了某种先入为主的印象。

如果你被朋友误会，前去解释时他露出了这样的眼神，那表示他已经完全误解了你，并且对你非常戒备，这时候你一定要诚恳解释，消除误会。

毫无波澜的眼神

很多人认为，人和人之间有敌意时才会面无表情，这种想法其实是不全面的。

人在沉思时会有各种不同的表现，有人会目光呆滞，有人会闭上双眼，也有人的眼神毫无波澜。等思路捋顺了，他们的眼神便变得炯炯有神起来，这也是他们继续谈话的信号。所以在人际交往中，毫无波澜的眼神并不是好现象。

打个比方，某天你碰到了一位朋友，你问对方："要不要一起去喝茶？"

对方眼神平静，说："好久不见，还好吗？"她脸上充满了笑容，在这之后突然又恢复了平静。这就表示她内心不安，且对现状不满。

如果一对情侣发生了矛盾，女生往往会说："我要回去。"然后站起来要走，眼神毫无波澜。此时，她心中可能隐藏着不满与不平。

性格懦弱的人一旦被不喜欢的人邀去做客，由于他们不太善于回绝，一般情况下就会跟着走。这时，如果他们的眼神毫无波澜，那么我们就要注意了。

同时，在有冲突的人之间往往也会出现这种情况，注意不要介入纷争。

不敢直视的眼神

一个人出现不敢直视对方的眼神非常常见，通常是下属面对上司的时候，或者是学生面对老师的时候。这是因为上司往往希望在下属面前保持威严，从而散发压迫性的气息，让他人不敢直视。但也有例外，有些人生性内向，他们比较喜欢移开视线。

以上就是我所总结的最常见的五种眼神，它们代表了不同的意义，希望大家在日常生活中都能加以留心，揣摩对方的意图，并且做出相应的处理，做一个会"察言观色"的人。

读懂身体语言，秒杀人心

本章前三节，我们讨论了如何通过微表情、微动作来洞悉对方情绪并了解其心理变化。本章最后一节，我们就来谈谈微表情、微动作在人际沟通中的作用。

丰富的微表情是沟通的催化剂

为什么说丰富的微表情，是人与人之间沟通的催化剂呢？

这是因为一方面我们可以通过观察沟通对象的微表情，来判断沟通对象的沟通风格、心理活动，了解他们此时的心情；另一方面我们必须留意自己的形象，通过控制自己的微表情来提高双方沟通的效果，因为它是别人了解我们的一面镜子。

面对不同性格的人，我们在沟通时会使用不同的沟通方式。所以，我们要有眼观六路、耳听八方的能力，同时也需要掌握一定的沟通技巧。而其中的关键在于要根据对方的微表情判断沟通的时机，在此基础上找准沟通的切入点。

当你身边的人陷入消极情绪中时，你可以用一个温暖的微笑或者一些安慰的话语，驱赶他们失落的情绪。俗话说："良言一句三冬暖，恶语伤人六月寒。"你的阳光和友善会感染到他们。当对方看见你温暖的微笑时，他们也会嘴角上扬。你的鼓励会化成一汪春水流过他的心田，让他整个人如同被阳光照射一般温暖。

如果你的同事因为工作不顺利而非常伤心，你用了很多种方法都没让他摆脱难过的心情。这时候你可以用一些名人的故事来鼓励他们，或者做出一些自信和胜利的动作，比如：竖起大拇指、做 V 字型手势、举起小臂握紧拳头……这样的动作会将你的鼓励传递给你的同事，从而让他获得正能量。

人们的身体语言是具有一定的治疗效果，它可以让心灵回归阳光。你也要注意善用自己的身体语言，不要在对方发言时露出冷笑的表情，在对方表达意见时露出白眼，从而让你们的关系恶化。

得体的微动作能更好地掌握谈判的主动权

成功的销售人员往往都对顾客的肢体语言非常敏感，知道如何正确解读他人的肢体语言和控制自己的肢体动作，这对达成交易至关重要。

在商品买卖中，买家和卖家常常会通过肢体语言来评估对方的情绪。比如说，当买家靠在椅背上紧盯卖家，双臂交叉，双腿并拢，以怀疑的口吻问道："你要谈什么？"

这时候，卖家可能会上身前倾，表明自己的来意。

如果买家不喜欢卖家的这种强迫式的推销方式，可能会做出防卫性的姿势。如果卖家感到不安，也会扭动身体，甚至背对买家，这就是一种防卫的心理。

有经验的销售者会通过买家的肢体动作来推断对方的个性，他们会通过买家的坐姿、手势来判断他们的态度，从而调整自己的推销方式。

如果买家表现得很随意，且具有幽默感，那他就可能会是一个开朗的人。这样的话，用一个笑话作为开场白有助于活跃气氛；如果买家表现得严肃正式，那么销售人员最好也要表现得非常规矩。

当然，销售人员可以用自己的肢体动作，来向买家表现自己友好而坦诚的态度，缩短和买家的心理距离。我听一位金牌销售员朋友讲过，他在推销过程中会有意识地做出和买家相同的姿势，这样能使对方感觉找到了志趣相投的人，从而放下警惕，为接下来的销售工作做好铺垫。然后销售人员就可以针对买家的需求提供产品，或者直接开口介绍产品。

但是，这时候销售人员也要注意买家的肢体动作，如果他们身体向后靠，表现出戒备心理的话，那销售人员就应该立刻调整自己的话术。

那如何判断买家被你吸引住了呢？最直观的当然是看眼神。通常来说，若对方的视线经常停留在你的脸上或与你对视，那么说明他对你的内容感兴趣，你们有成交的可能性。与其他互动关系相同，我们不妨将买家和卖家的行为看作是在跳舞，卖家虽然起主导作用，但他必须懂得适当使用微动作，"吸引"买家的目光。

06

礼仪是沟通中
最重要的社交货币

礼仪：升级处事能力的关键

子曰："不学礼，无以立。"荀子曰："人无礼则不生，事无礼则不成，国无礼则不宁。"

我国号称礼仪之邦，礼仪既是中华文明的传承瑰宝，又彰显了个人的素养与气质。

礼仪，是一种让别人舒服、感到被尊重的行为方式，同时，对方也会将同等的尊重回馈给我们。

一项心理学研究发现：我们在别人心目中的印象一般在15秒内形成。那么，你是否可以在这15秒的时间里，让对方感到舒服，给对方留下一个好印象呢？你在适当的时候微笑了吗？你的双臂是否在胸前交叉，摆出防卫姿势？你的声音是否充满了热情？你对别人的讲话是否表示出了兴趣？你是否做到眼睛在80%的时间都看着讲话者？你是否时常点头或露出赞同的表情？

在日常生活中，以上的细节都非常重要。如果在双方沟通的过程中，我们能自觉、主动遵守礼仪规范，就很容易使人际间的感情得以维系，建立起相互尊重的关系，从而避免不必要的冲突和矛盾……

沟通礼仪不仅体现在生活中，还体现在工作中。在工作中，一个遵守职场礼仪的人，常常能在同事和领导面前树立良好的个人形象。端正的坐姿、落落大方的谈吐、不卑不亢的态度……这些都会向他人展示出你的素养，给人以舒服、可信赖的自然观感。

这些礼仪也可以用在面试中，给面试官留下深刻的第一印象。试想，谁不想和懂礼仪、知分寸的同事一起工作呢？没有良好的礼仪，就算是有着极强的工作能力，也很难得到工作机会。就算是有幸进入公司，也不一定会站稳脚跟，因为后续还需要我们协调各方面的人际关系。

由此可见，沟通礼仪是我们要学的重要知识，只有掌握它、应用它，我们才能更好地工作和生活。

从个人修养的角度来看，沟通礼仪是一个人内在修养和素质的外在表现；从交际的角度来看，沟通礼仪是人际交往中的一种交际方式，是约定俗成的示人以尊重、友好的习惯做法。

我们说话的目的不仅在于准确地表达了自我，让听话的人高兴并愿意做出反应才是最终目的。好好说话绝对不是虚伪，而是温暖。

在生活中，我们总是会遇到一些"我这是为你好"的人，这种人往往打着"为你好"的旗帜，以"过来人"的姿态来否定你、控制你，或者提出一些在他们看来非常有"建设性"的意见，试图以此来左右你的决策和判断。且不说他们的想法正确与否，光是这种咄咄逼人、高高在上的姿态就足以让人厌恶。

无端遭受否定和指指点点，我想每一个拥有独立人格的人都会感觉非常痛苦。最可恶的是，他们在发表完自己的意见后，还要再加上一句"我这人性格直爽，如果有得罪你的地方，你可千万别往心里去啊，我也是为你好。"

然而，这种假装高明的人，在帮别人解决问题的层面上毫无价值。人们总以为只要说一句"我这人说话直"，就可以为自己的低情商开脱，别人就真的不会在意，可实际情况真的是这样吗？听到那种无端否定你的"建议"，你当真不会往心里去吗？

"有话直说"这种现象如果发生在儿童身上，我们往往会觉得他们可爱，觉得他们"童言无忌"。但是，在现代社会中，人与人之间的关系日益微妙，性格直爽并不代表着你可以肆无忌惮地说话，更不是一句"我是为你好"就能成为无礼的挡箭牌。你一句无心的话，很可能在他人心中掀起万丈波澜。这样的行为，在人际关系中不会给你带来半点益处。

直爽是一些人的性格优点，但这和没礼貌、缺乏素养却是两码事。我们会发现，有时候很多人往往不是在表达自己的观点，而是在进行人身攻击。

张爽因为辣椒吃多了，脸上长了一些痘痘。她原本没有很在意，因为过一段时间就会自动痊愈。可是某天她遇到了一位朋友，朋友一见她就直接说："哇！你破相啦！好丑啊。你这样子，你男朋友受得了吗？"

看见张爽生气了，她马上说："啊，我这个人有话直说，不会藏着掖着，那样多装啊。你不要太在意。"

当时张爽就不知道该说什么了。朋友的话让张爽觉得很受伤，因为她一点也没感觉到朋友的友好和善意，很难认为她是在单纯地表达观点，而不是在进行人身攻击。

这类人完全混淆了性格直爽和没有礼貌的区别。因为他们一开口就会攻击别人，而非摆事实、讲道理。

我们每个人都会有自己的想法和情绪，但情商高的人懂得克制。这不是圆滑，而是有同理心的表现，他们懂得如何给周围的人带来快乐。他们看清了这个世界的残酷，可依然选择热爱。他们用无数的人生经历将自己打磨得更加圆润。他们懂得如何照顾每个人，知道如何说话才能更好地表达自己，而且不让他人觉得尴尬。这是人性中的美好，也是人类文明的一种体现。

我们这个社会最迫切需要的不是投机钻营的人，不是通过耍滑头来取得所谓的"成功"的人，我们需要的是在说话做事时能照顾别人的感受，避免让身边的人受到伤害的人。

可口可乐的总裁布莱恩·戴森曾说过这样的话：生活是一场比赛，你必须同时丢接5个球。这5个球分别是工作、家庭、健康、朋友以及精神生活，你不可以让任何一个球落地。

在丢接这些球的过程中，你会发现工作其实是一个橡皮球，掉下来会自动弹回去，而其他 4 个球——家庭、健康、朋友以及精神生活则是玻璃制的，它们掉下来就会破损甚至被摔碎，它们都是我们生命里不可或缺且最值得珍视的那一部分。

工作是否顺利，必定会影响生活的质量，影响到家庭、健康、朋友、精神生活等。因此，好的工作状态不仅使人身心愉悦，还能带来许多积极的正面力量。所以，我们更需要用礼仪去规范我们的行为。打电话的时候，要懂得用礼貌用语；见面的时候，要进行一个谦恭的自我介绍；宴请的时候，要懂得显示主人的热情与好客；馈赠礼物的时候，要既大方又体贴……这些良好的社交礼仪，在无形之中为我们带来了商业上的契机与机遇，也赢得了他人的赞赏与尊重。

生活在现代社会，拥有良好的礼仪，无疑会增加我们的处世资本。礼仪虽是生活小节，但优雅的行为举止、得体的仪态和言语、真挚的情感和规范的礼仪，无疑是构建人与人之间沟通的桥梁，更是成功的重要基石。

所以，学习沟通礼仪，不仅是顺应时代的潮流，更是提升竞争力的现实需要。

六大社交礼仪，让你的价值大于价格

人与人之间的关系是相互的，要想得到他人尊重，前提是学会尊重他人。规范的社交礼仪可以让我们的人际关系更加融洽。接下来，我来讲讲日常生活中我们最常用到的六大基本礼仪。

问候礼仪

问候这种行为在我们生活中很常见，我们小时候在见到陌生的亲戚时，往往会被父母指点叫"叔叔""阿姨"。问候是我们见面时向对方传递消息、表达友好的方式，对不同环境里见到的人，我们要使用不同的问候语。

初次见面，我们可以用"您好""很高兴认识您""见到您真荣幸"等问候语；如果对方在某个行业里有一定的名望，我们可以用"久仰""幸会"等问候语；如果我们见到了朋友或熟人，语气就可以日常和亲密一点儿，我们可以说"终于见到你了"或"好久不见，挺想你的"。

如果我们见到的是有商业往来的合作方朋友，我们可以说"你气色不错""几天不见，越长越漂亮了"，等等。

握手礼仪

握手是人们沟通思想、交流感情、增进友谊的有效方式。

我们握手的时候应该使用右手，不可以戴手套，不可以用湿手或脏手和对方握手。握住对方的手时，我们不应该摇晃，更不能坐着与对方握手。男士在和女士握手时，应该轻握住对方的手指，切忌握得太紧、太久。

一般尊者先伸手，女士、长辈、职位高者伸出手后，男士、晚辈、职位低者方可伸手呼应。至于平辈之间，谁先伸手不影响大体。若我们要与多人握手，那便需要遵照先长辈后晚辈、先主人后客人、先上级后下级、先女士后男士的顺序来进行。

介绍礼仪

介绍可简略分为：自我介绍、为他人做介绍、被人介绍这三种方式。在介绍的过程中，不管我们处于哪一方，都要面带微笑、热情得体、落落大方。

为他人做介绍：我们应遵循"让长者、客人先知"的原则——即将身份低、年轻的人介绍给身份高的、年长的人；将主人介绍给客人、男士介绍给女士。介绍的时候，我们要简洁明了，切忌闪烁其词。我们最好介绍双方的职业、住所地等比较笼统的事项，不要涉及私密信息，比如财产状况、有无伴侣等。同时，我们还需要注意，介绍时不要用手指指对方，可以以手势示意。

被人介绍：在被人介绍时，我们应微笑地看着对方，尽可能表现出自己的诚意。介绍完毕，我们可以互相握手，并说一些"久仰""幸会"的客气话。当男士被介绍给女士时，男士不可以主动伸出手来，而是应微微点头并欠身；如果女士伸出手来，男士则应该立即伸手握住并点头示意。

自我介绍：自我介绍时，我们可以边握手边自我介绍，也可以微笑着说"你好"，来引起对方的注意。在谈话过程中，我们要热情友好、谦恭有礼。

称呼礼仪

很多人对社交中的称呼非常敏感。比如官员喜欢他人称自己为"某某局长""某某主任"；学者喜欢被称为"某某教授""某某老师"。在这个时候，如果你弄错了称呼，他们就会感觉自己被藐视了。所以，正确的称呼，不仅能体现我们良好的教养，更能体现出我们对他人的重视。

称呼可以笼统地分为职务称、姓名称、职业称、一般称、代词称、年龄称等。职务称包括经理、主任、董事长、医生、律师、教授、科长、老板等；姓名称通常是以姓或姓名加"先生""女士"

等；代词称则是用"您""你们"等来代替其他称呼；年龄称主要有"大爷""大妈""叔叔""阿姨"等。

我们在称呼他人时，一定要注意主次关系、年龄特点。多人在场时，我们应该先称呼年长者、上级和我们关系疏远的人。称呼可是一门有趣的学问，我们切忌不要弄错。

电话礼仪

打电话的礼仪：电话是我们的常用通信工具。拨打电话时，我们首先要考虑到对方是否有空。我们最好选择在早上 8 点后晚上 10 点前拨打电话，因为其他时候对方可能在休息。拨通电话后，我们应先向对方问好，做自我介绍以及证实对方身份。通话时，用语应该简洁明了。结束通话后，我们要道声"再见"，并迅速挂断。在办公室打电话，最好不要长久地占线。

接听电话礼仪：电话铃响后，我们要迅速接听电话，说些"您好"之类的问候语，然后自报家门、积极回应。接下来，我们要询问对方的来电事由，最好备有电话记录本，对重要的电话内容进行记录。讲完电话后，我们应该先等待对方挂断。

手机礼仪：在严肃、庄重的场合下，我们最好不要使用个性化的手机铃声，铃声音量不能太大。在开会、上课等重要集会时，我们要关机或静音。未经允许，切勿随意翻看他人手机或代他人接听。

名片礼仪

在较为正式的场合中，人们比较重视名片。名片彰显着社会地位，同时随身携带名片也是对他人的尊重。

在使用名片时，我们要注意：名片不得随意涂改、不要提供私宅电话、不要使用两个以上头衔。因为这容易给对方留下做事三心二意、用心不专的印象。

成年人的世界往往都伴随着苦恼，这些苦恼往往都是我们之前很少遇到的新问题。这个时候，沟通礼仪就显得非常重要了。掌握沟通礼仪，可以让双方都处在一种舒服的交谈状态中，有利于双方友谊的维护，以及合作项目的推进。

最舒服的相处，是用心沟通

语言交流，是人类社会交往中最重要的部分，那么我们到底应该注意什么，才能让双方在舒适愉悦的氛围中沟通呢？

接下来，我将分享两个"舒服语言交流"的小妙招。

正确表达自己的感受

我们来看一个小故事：

一对恋人相约去餐厅吃饭，男士问女士想要吃点什么。

女士说："随便。"

男："那我们去吃牛排好了！"

女："太腥。"

男："日本料理呢？"

女："太贵！"

男："那去吃麦当劳好了！"

女："没营养。"

于是，男士陷入了一种抓狂的情绪中："你到底想吃什么？"

女士尴尬而腼腆地说："我都说了，随便啦！"

对方既然把主动权给了你，那你就应该依自己的意愿做出决定。二选一没有那么难，如果每个人都说"随便"的话，那么很多事就没有结果了。

英文中有句话叫"Less is more"，翻译过来就是："少就是多"。我们在说话的时候也是如此。讨人喜欢，数量和频率并不是关键。

处理一个死结最快的方法是什么？正确答案是直接把结剪掉。同样，一个谈不下去的话题，其实根本不必用力挽救，另开一个话题即可。

同时，我们不必担心交谈中涉及的话题太多，会显得冗杂。俗话说：如果在相聚的两个小时里面，你有三次让对方开心地笑，那对方绝对不会记得你曾经说过几个无聊话题的。

善意聆听、理性评价

作家吴淡如曾经讲过这样一个现象：大多数企业家都不喜欢这样的员工：他们为了对老板的话表示积极的肯定，一直在说"对、对、对"。他们看似在举双手赞同，其实说"对"却说得不合时宜，反而给人一种敷衍、企图打断谈话的感觉。"对"的不是时候，也是一种错误。

所以，我们在别人开口说话时尽量不要插嘴，要好好聆听。不论你有什么着急的建议或者想法要表达出来，起码也要等别人先说完再发言。善于聆听，也是对对方的一种尊重。

善意的聆听者是那种让对方毫无保留地表达出自己的想法，还能给出可行建议的人。同时，善意的聆听者在看到一些社会现象或别人袒露自己的内心时，要客观分析，理性评价。

我们在评价别人的时候，一定要记住：在和别人的交谈中，一定不要去贬低别人很热爱的事物。你可能有过这样的体验：当你发自内心地热爱一个事物的时候，就会为其倾注心血，如果这时候有人来贬低这个事物，你会很反感，甚至愤怒。你会觉得他们都很无知，觉得自己的信仰遭到了侮辱。

其实，当面贬低或者轻易评论别人喜欢事物来显示自己的高级，是一种非常低级的交流方式。这样的做法，会让对方极端不舒服，也是一种非常没礼貌的低情商行为。

随着现代信息社会的飞速发展，新的沟通工具正在日益改变我们传统的交往观念和交往行为。尤其是人们交往的范围已逐步从人际沟通扩展为公众沟通，从近距离沟通发展到了远程沟通。即使这样，我们也要懂得一定的礼仪规范，因为电脑屏幕那端的也是活生生的人，他们有着一样的喜怒哀乐。

现代信息社会人际沟通的变化，对社交礼仪的内容和方式提出了更高的要求。达成我们的沟通目标，是我们学习沟通礼仪的重要意义。

不让人当众难堪，是一个人最好的教养

英国著名哲学家杰里米·边沁有一个哲学思想被称作"快乐说"，他认为人类的一切行为动机以及合理性依据，都源于快乐或痛苦的免除，即利益或幸福。所以，我们在现实生活中找到彼此的舒适区，给他人快乐非常重要。

良好的社会氛围和工作环境，可以让人感到身心舒畅；充满怨气的人际环境，则会让人感到痛苦。良好的沟通有利于我们维系人际关系、解除误会、维系感情，但它同样也具有交互性，不可能凭空产生。那么，我们应当怎样主动而友好地发起沟通呢？

在这里，我给大家分享几个小技巧：

保持积极和热情的态度

很多人都会觉得主动交朋友是一件很困难的事，他们往往会因为很难克服自己的恐惧感和羞涩感，而不敢主动表达自己。想要结识一个朋友，最重要的是保持热情，将自信和友好展示给对方，并时刻暗示自己：要勇敢表达自己，没什么大不了的，就算我们这次沟通失败，最坏的结局也不过是回到陌生人。

抽丝剥茧，投其所好

每个人都有自己喜欢的事，不愿意被人触碰的禁区，所以我们会自动给自己划分舒适区和尴尬区。在人际关系中，我们更倾向于那些让自己觉得舒适的沟通方式，喜欢他人赞美和表扬自己。而面对批评和斥责时，我们往往选择逃避或者反击。

我曾经看到过这样一个帖子：

一名女初中生在坐公交车时，不小心将脏东西弄到了裤子上，她不知该如何是好。这时，站在她身边的穿高中校服的男生假装把牛奶洒到了她身上，然后对她说："不好意思，我不小心把牛奶洒到你身上了，我把外套给你吧，你可以套在身上，用完后扔掉也没关系。"

他把外套给了这名女生后，便下了车。事后，女学生在校园网上发帖找这个小哥哥，想请他吃饭并致谢。结果，真的找到了那个男生。这位男生只是淡淡地在网上留言说："不用吃饭，给我买杯牛奶就好啦。"

这个帖子很暖心，也很让人感动。在这个世界上，助人为乐的人有很多，但在懂得帮助别人的同时，也能尽力维护对方尊严的人却很少。

所以，在对方有困难时，我们应尽量要在不让对方难堪的情况下伸出援手，而不是打着"这么说是为你好"的旗号将对方一顿数落，然后再趾高气扬地予以帮助。

化主动为日常，将良好沟通内化成自己的一种行为习惯

习惯的力量往往比我们想象的更加强大，它近乎是一种本能反应。比如我们小时候放学回家，不需要记住路线图，和小伙伴聊着天就能走到家。如果我们将主动沟通内化为一种习惯，在很大程度上我们的人生将少走很多弯路。

那么，该如何将主动沟通内化为我们的行为习惯呢？

首先，我们要建立主动沟通的思想意识，并不断地暗示自己。久而久之，相对应的习惯就养成了。

其次，我们要以强大的意志力来进行自我约束，培养规矩意识。

最后，我们要在行动上持之以恒，这点非常重要，因为坚持是成功的制胜法宝。

我们每个人都会遇到各种各样的困难，没必要在别人人生低谷的时候，证明给他看自己有多正确，活得有多好。当他人遇到困难的时候，轻轻拍拍对方，用一句"没关系，慢慢来"来缓解对方的难过及窘迫，不是更能让人感到温暖和感激吗？

慷慨，总是比施舍更能打动人心，而这两者之间的差距就是一个人的涵养。网上有一篇关于"涵养"的帖子，让人的内心深感触

动。这篇文章是这样说的：

　　我曾修读过与英式礼仪相关的课程。在一节课上，老师整堂课都在讲如何优雅地使用刀叉，各种大小杯子的用途和使用顺序，还解释说明了用餐的坐姿以及言谈举止。讲到最后，老师说虽然学习这些很重要，但更重要的是你的涵养——如果与你一同用餐的人从头到尾都没有按照餐桌礼仪来做，你也不要鄙视、嘲笑，更不可随意指出他的错误，因为嘲笑和指摘才是最大的失礼。

　　不以自己的广知嘲笑别人的无知，在公众场合尽最大能力保留对方的尊严，才是最重要的社交礼仪。这也正是那位老师最想要传达的思想。

　　当众让别人难堪以彰显自己的厉害，不会让人觉得你有多厉害，反而会让人觉得你很没有修养，因为有修养的人从来不会让别人难堪。当众直言也并不会让你看起来多酷、多有个性，给人留余地才是真正的智慧，是一个人涵养的最佳体现，是良好沟通的基石。

赢得朋友的四大沟通原则

一个人的言谈举止反映了他的修养与学识。言谈举止大方得体，可以给他人留下良好的印象，也有助于更好地实现交流。在本节，我将向大家讲解沟通礼仪中最根本的东西——四大沟通原则。

平等

在职场中，我们常常会看到一些不公平的现象，例如，有些先进入公司的老员工会欺压新员工，以彰显自己的地位和能力。在生活中，妄自尊大、恃强凌弱的人也屡见不鲜。

一个真正强大而自信的人，不需要用践踏别人来彰显自己的价值，他的自尊不会通过这种方式来显现。在我们的生活和工作中，当你将"平等"二字刻入内心时，你自然会心存敬畏、尊重他人，时刻以谦虚的姿态来面对朋友。只有建立在尊重基础上的友谊才有可能长久，毕竟没有一个人不喜欢被尊重。

真诚

俗语说："人与人之间贵在交心。"这个"心"字说的就是真诚。

没有人喜欢被欺骗，更没有人会喜欢虚伪。推己及人，只会做表面功夫的人，不会得到对方的真心对待。

一位老教授讲关于"中华礼仪与文明"的课程。他一走进教室，同学们都集体站起身来说"老师好"，他还礼之后笑了，说："我不知道同学们今天过来听课，是真的想要求知还是其他原因，也不知道你们刚才对我行礼是发自真心还是囿于礼节，如果都是后者的话，大家就不必来了。我们中华文明的核心不是繁文缛节，不是规则，而是一个'敬'字。这份'敬'应该是发自内心的，不是发自真心的礼节毫无价值，根本不能被称为文明。"我对此深有感触。

虚伪如流沙，而建立在流沙之上的城堡，不论多么富丽堂皇，最终都会坍塌，而友谊也只有建立在真诚的基础上才能长久。

自信

随着年龄的增长，我越来越认识到"自信"这一品质对人的重要性。

这些年，我见过不少人，有的人在少年时吃过许多苦，成年后汲汲营营。当然，用自己的双手换取报酬，以期让自己的生活过得更加幸福无可厚非，但我惊讶于他们的不满足。他们如同饕餮一般疯狂地攫取着金钱，却无法填补他们内心的空洞。他们时常处于一种恐慌之中，觉得自己不够出色、不够有钱、不够有社会地位……

他们一生都在比较，他们的目光永远是向上看的；他们鄙视那些经济地位不如自己的人，他们警醒自己再不要陷入拮据的状态之中；他们甚至还会对别人颐指气使。他们没有工夫，更没有心思停下来享受生活。

这不是强大，而是刻进骨子里的自卑。自信的人无须声嘶力竭地向世界宣示自己的强大，他们锋芒尽敛。他们遇到强者不自惭，遇到磨难不气馁，遇到侮辱敢于挺身反击，遇到弱者则会伸出援助之手。因为不自卑，所以心境平和；因为不自卑，所以能宽容待人。

信用

"民无信不立，与朋友交，言而有信。"讲信用会给对方一种你值得信赖的感觉，这样的人做事会非常认真专业，他们是可以信任的朋友。所以，在生活和工作中，我们切记一定要守时守约，如无十分把握，就不要轻易许诺，要说到做到。

在明确了以上四个原则后，我们在与人交往的过程中，还应设身处地站在对方的立场考虑，这也是我们赢得朋友的最好方法。

07

如何应对
职场中的高难度沟通？

搭建框架，让你的讲话更有逻辑

"得到"App的创始人罗振宇曾经在《奇葩说》中说过这样一句话："职场，或者说当代社会，最重要的能力就是表达能力。"

在职场中，每位员工都要参加会议。开会时，我们都会面临一个难题：发言。发言本身其实并不可怕，只是往往会遇到未知的变数。这些变数会让原本镇定的我们变得尴尬、紧张。接下来，我将用实例跟大家分享，如何巧妙地应对发言时遇到的各种"危机"。

善用"铺垫"缓解尴尬场面

有一次，赵兆所在的公司召开部门会议，可万万没想到，老板没打招呼就直接走进了会场，表示要莅临听会，还对所有人说："你们继续，别管我。"

他坐下以后，会场一片寂静。部门经理反应很快，赶紧说："欢迎领导给我们指导工作，下面我们将围绕下半年的重点工作进行讨论。"

话音刚落，所有人都沉默了。面对这种情况，经理感觉很尴尬，笑着对赵兆说："你在部门待的时间最长，你先说说吧。"

赵兆原本就没想好要说什么，突然被要求发言，一下就慌了，他站起来后停了两三秒钟，才磕磕巴巴地说："我觉得，下半年应该……"在发言的时候，他发现老板正一脸严肃地看他，他就更不知道怎么说了。

紧张会让我们打不开思路，继而更紧张，最终陷入恶性循环中。所以，解决问题的关键在于缓解紧张情绪、打开思路。

最容易使我们紧张的是发言的前30秒，我们要想控制紧张情绪，关键是用好发言的前30秒，这30秒的"铺垫"时间会缓解突然被叫起时的不知所措，并给我们时间思考该说些什么。

那么，在这30秒里我们应该说些什么呢？

首先，我们要表达感谢，感谢有两个层次：谁让我们发言，我们就感谢谁；现场谁的职位最高，我们就感谢谁。然后，我们要说一些自谦的话，第一个发言的人需要低调、谦虚，才能获得听众的好感。

当我们不紧张了，思路才能慢慢打开，"突然被点名"的不知所措感才会慢慢消散，接下来正常发挥即可。

在开会时，我们可能还会遇到两种情况：一是快轮到自己发言了，却发现自己想要讲的话被前面的人说完了；二是我们往往会觉得自己是压轴发言，自然要讲得比其他人好。

当我们想说的话被别人说了之后，同样可以使用做"铺垫"的方法，这时候的"铺垫"最好是自己的一些心里话，比如："我发现，大家把我想要说的话都说完了，但难得有一个发言机会，我就谈谈自己感受最深的地方吧，请大家不要嫌我啰唆……"这样，你就给自己找到了一个台阶，听众就不会觉得你是在重复其他人的话，而是在认同大家的观点。

但是，在这里我们要注意一点：我们在准备铺垫的语言时，一定要有时间意识，5分钟的发言时间，铺垫30秒即可，如果说得太多太杂，会让人觉得你说话没有重点。

对于压轴发言这件事，如果你只是普通的参会者，大可不必有压轴的思想负担，那是领导该考虑的事。如果你的话被别人说了，你没有新的观点了，该怎么办呢？

搭建讲话框架，给领导留下深刻印象

我们沟通训练营的一位学员曾代替同事去分公司开会，没想到领导要求每位代表都发言。他本是来"打酱油"的，对工作情况不太熟悉，于是就现场编词，都不知道自己说的是什么。

回来后他找我们咨询，说："在这种情况下，我应该怎么说才能表现得出色，同时让领导记住我讲的话呢？"

如果你的观点足够新颖，势必会让领导眼前一亮；如果你摒弃枯燥乏味的讲话方式，适时地在谈话中插入一个小故事，同样会引起领导的兴趣。

但这要如何做呢?我来给大家分享一个小方法,你可以按照以下顺序重新组织语言。

1.先说一些客套话。

我们在发言的时候都会有一个开场白,简洁而有力的开场白,能使听众迅速了解你想要讲述的话题,也能使他们立刻进入到你所营造的氛围中。比如,你可以这样说:"刚才大家的发言我都听到了,我觉得很受启发,特别是××的观点令人深思,下面我就来向大家谈一谈自己的看法……"

2.有针对性地抛出自己的观点。

其实,抛出自己的观点并不难,但是如何让大家聚精会神地听下去,那就要多花一些工夫了。我们最好不要照本宣科地进行讲述,那样太过乏味了,最好引用一些名人名言、经典诗句或者一些有趣的故事来佐证自己的观点。同时,我们还应该注意自己所抛出的观点一定要简洁精炼、富有冲击力。

3.采用设问的方法来进行讲述。

采用设问的方式讲述,可以吸引听众的注意力,也可以与听众进行互动,更重要的是不容易跑题。在你给出问题后,可以针对自己的问题进行分层次的回答。这样一来,你的发言就会显得非常有条理。

另外,在发言时最好不要出现"大概""估计""也许"之类的词，这容易给人留下说话不严谨、工作不踏实的印象。

4. 给出一个总括性或者是意味深长的结尾。

在总结的时候，你一定要注意与开头相呼应，同时对你的观点进行再次强调，好让听众能镌刻在脑子里，不至于过耳即忘。

巧妙化解挨批困境

在职场中，工作中出错是不可避免的，挨批也是常见的现象。在会议上，如果我们被领导点名批评了，该如何处理呢？

学员张扬的性子比较暴躁、好面子，也不肯吃苦和受委屈。有一次因为客户投诉，领导在会议上批评了他两句，没想到他"一批就跳"，当场大骂几句，拂袖而去，弄得大家都很尴尬。事后，他跟我们"吐槽"这件事，我们告诉他没有必要不给领导面子。他听了后非常诧异："领导都不给我面子了，我为什么还要给他面子？"他这一句话将我噎得半死。

这件事过去不久，因为公司业务紧缩要裁员，那位领导恰恰有这个权限，于是就把他给裁掉了，为此他愤愤不平了好久，但再怎么指责对方也弥补不了自己失业的损失。

面对这种情况，正确的做法是什么呢？

1. 先虚心认错。如果你当场反驳了领导，让他下不来台，那么其他的员工也会轻视他。在这种情况下，他自然会非常不满，遇到心胸狭隘的人，可能还会伺机报复。为了争一时之气，何必让自己陷入这种境地呢？

2.事后冷静分析，找对方解释。如果这件事真的是你的错，你就需要再次向领导道歉，并且用虚心的态度告诉他你打算怎样补救。如果不是你的错，你就更需要向他解释这到底是什么原因造成的，好让他不要误会你。毕竟，你没有义务为他人的错误埋单。

掌握发言时机，解答"给领导提意见"的"送命题"

不知道大家有没有这样的经历：公司开会的时候，领导会一脸和善地说："大家对公司、对我个人有什么意见尽管提，这样公司才能高效发展！"

这时候，你说还是不说呢？不说，领导可能会很尴尬；说，该如何把握尺度呢？先说还是后说，怎么说？我们该如何表达呢？

此时，我们要掌握好发言时机，先听别人怎么说，据此判断会议的整体风向，随时调整发言的内容，这样我们就能避免犯原则性错误。要知道，我们绝大多数人的水平都差不多，要想给领导留下深刻的印象，我们就要尽量讲出自己的真知灼见，这也是为什么我建议大家要等到大多数人说完后再发言。

那我们该说些什么呢？

1.我们要尽量讲一些发自内心的、能打动自己和别人的话。点评他人的发言尤为重要，点评的时候要具体，不要泛泛而谈。同时，在提出意见的时候要发自内心，因为真情实感才能打动人。

2.我们在给领导提意见的时候，要围绕工作展开，尽量避免对领导本人进行评判。我们给领导提工作上的建议，有两点需要注意：一是围绕自己的本职工作谈，因为熟悉，所以才有机会讲得出彩；二是要从领导关注的工作谈起，这样对方才有兴趣听。

掌握了上述方法后，我们就能游刃有余地处理好会议上的高难度沟通，并将其变成一个展示自我的绝佳场景。

故事思维＋创新能力，演讲直抵人心的两大利器

2007年，美国苹果公司的联合创办人乔布斯所主持的产品发布会给我带来了巨大的震撼，让我体会到了语言的魅力——没有冗长的发言和空洞的口号，只有对产品的自信和对未来的憧憬。

可能有人会说，演讲都是事前精心准备的，算不得什么。但是，如果演讲者没能用自己的个人魅力将听众带入到他所构建出的氛围中，就非常容易冷场。要知道，在我们的演讲过程中，当在场的听众都为你的个人魅力及口才所倾倒时，他们就会自动忽略掉你在演讲中的小瑕疵。

我们如何才能做到这一点？

学会讲故事

在电影《中国合伙人》中，男主角成东青在一处废弃的厂房里，给学生们做的关于"梦想"的演讲打动了许多观众。他是这样说的：

　　我从来没有什么梦想，也不知道什么是梦想，我只知道什么是失败。中国学生是全世界学生里最容易失败的，1993年教育部公布的升学率显示：中考的升学率是44.1%，也就是说有将近600万人考不上高中；高考的升学率是39.9%，也就是有140万人上不了大学；参加托福和GRE（美国研究生入学考试）的同学，大概每四个学生中只有一个能拿到美国大学的奖学金顺利出国，又有三万多人失败。

　　失败无处不在，人生如此绝望，但这就是现实。那我们该怎么办？掉进水里你不一定会被淹死，待在水里你才会被淹死。失败并不可怕，害怕失败那才真正可怕！所以，我们需要从失败中寻找胜利，在绝望中寻求希望……

　　这段简单的演讲，为什么会引起很多人的共鸣？我认为主要包括以下两点：

　　第一，演讲者将经典、热点和自我经历简单有效地融合到一起，通过大多数中国人都经历过的"残酷"考试，以及大多数人都失败过的事例，成功唤起了人们的共情心理，将听众们的情绪带入到了演讲之中。

　　第二，用数据分析情况，增加信服力，并通过个人演绎给演讲注入灵魂，在结尾处鼓舞人心。

　　要知道，感情上的共鸣，有时候对你所想要表达的观点能否被他人有效接受起着决定性的作用。所以，我们在演讲的过程中，要尽量讲一些与自己有关，又让大多数听众产生共鸣的故事。

在表达观点时要有创新

喜新厌旧是人的天性，在项目演讲中，千篇一律的观点让人味同嚼蜡。试想，若你所表达的观点同前一个演讲者一模一样，没有什么可以触及观众心灵的地方，他们自然就会昏昏欲睡，你的项目演讲也很难称得上成功，但创新又谈何容易呢！

接下来，我重点给大家分享几个常用的"观点创新"的方法。如果你熟练运用的话，会起到事半功倍的效果。

1.引发兴趣

我们可以用流传甚广的民谣、俗语或者谚语作为演讲的开头，因为这些语言的内涵相对固定，如果能巧妙借用，就一定会引起观众的兴趣，让他们的注意力迅速聚焦到你的身上来。

2.引发好奇

联想集团的创始人柳传志曾经在演讲中谈到，联想集团培养人才的重要方法，不是通过不断的培训讲座，而是"缝鞋垫"和"做西服"。

无论是缝鞋垫还是做西服，似乎都和联想集团没什么关系，怎么就扯到这里来了呢？这时候观众的好奇心自然就被调动起来了。

其实柳传志所表达的意思非常简单，他说培养人才和培养裁缝是相似的。你不能一开始就给他们一块上等的材料让他们来做西服，你应该先让他们从最简单的缝鞋垫做起，然后是做短裤、衬衣，到最后才是做西服。

其实我们回过头来想想，柳传志的观点不过是老生常谈——做事情要一步一步来，不能揠苗助长。可是他稍微"改装"了一下，就巧妙地给老观点披上了一件新外衣，一下子就引起了听众的好奇。

3.巧用转折

我们生活中存在着许多扎根于人们内心深处的"公理"，如果突然对其加以否定，是不是能起到"一鸣惊人"的效果？但这样做的难度往往比较大，因为演讲者在演讲中否定旧观点时，同时也要提出与旧观点相对的新观点。这种方法虽然有难度和风险，但我们只要认真思考，就能收到意想不到的效果。

或者，我们可以不必对旧观点加以生硬的否定，而是对其展开另一层面的解读，从而在内容和形式上给听众以"新"的体验。

综上，贴近听众生活实际、并能引起共鸣的故事，可以在第一时间内吸引听众的眼球、增加好感度，并成功将听众拉入我们事先设定好的氛围之中。新颖而深刻的观点，可以给听众以"头脑风暴"式的冲击，为他们进行一次思想上的洗礼。而拥有了上述两大"利器"，何愁你的项目演讲不成功呢？

商务谈判：你可以输掉谈判，但一定要赢得利益

在现代职场中，商务谈判已然成了我们工作中重要的事，同时它也是一种高难度沟通，因为它涉及沟通双方的切身利益，敏感且具有对抗性。

所以，我们在进行商务谈判之前，一定要提前做好准备工作，准备工作包括但不限于了解谈判项目的内容，摸清谈判方的性情，等等。

在此，我来分享几个商务谈判中的小技巧：

提前安排，有备无患

商务谈判是一个相对严肃庄重的谈判场景，我们应该使用简练而准确的语言，避免说出不恰当的话。

重大事项的谈判往往耗时很长，对我们的体力、脑力以及反应能力都是一个挑战。长时间的谈判容易让人疲惫、思绪中断，以至于说出一些不该说的话，甚至将自己的底牌或其他敏感事项披露给

对手，在谈判中吃亏。

这就需要我们提前做好准备，了解在谈判中有什么错误是不能犯的，什么话是不适合说的，做到有备无患。或者我们可以在谈判之前先做一次预演，设想对方可能会提出的条件，然后根据这些条件提前设计应对方案，从容应对各种局面，避免出错和落入对方的陷阱之中。

巧妙引导，将谈判桌变为自己的主场

商务谈判是一场博弈，谈判双方的利益往往有所冲突。

没有谁会在自己的利益可能会受损的情况下，对对方保持友好，任由对方予取予求。面对这种情况，我们应该言辞委婉、语气和缓，尽量以迂回的方式来降低对方的对抗性。

最高级的商务谈判往往没有剑拔弩张和针锋相对，平和的气氛最为有利。所以商务谈判最好的方式是一步步地引导，通过问答的方式，让对方替你说出想说的话。

控制谈判的节奏和方向

事实上，谈判活动是有一个隐形主持人存在的，可能是你，也可能是你的对手。在谈判过程中，谁控制了谈判的节奏和方向，谁就占了先机。所以，我们为了维护自己的利益，一定要争当这个"主持人"或"主导者"。

那么，如何成为谈判中的"主持人"呢? 主要是做好以下两点:

1. 友好和善

在许多综艺节目中，我们会发现好的主持人往往都是和善而友好的。只有这样，他才能起到主导局面的作用。主持人所具备的特质是: **话不一定很多，但要直击要害; 气势虽不凌人，但从容不迫。**

友好和善的态度在商务谈判中同样适用。因为利益冲突，谈判中的双方很容易剑拔弩张，而和善友好的态度会对放松对方起到极好的作用。

2. 互换角度

做谈判桌上的"主持人"还有一个重要的要求，那就是讲话要公平，最好能客观而公正地面对双方的问题。

有的人可能会说:"商务谈判的目的性极强，最大限度地争取自身利益是非常重要的，在这种情况下，怎么可能做到客观和公正呢?"

维护自身利益是每个人的本能，但是我们在商务谈判的过程中，至少要让自己看起来公平。要知道，商务谈判的性质决定了对手一开始就对我们有防备心，他对我们的每一句谈话都会做出过分的解读。所以，我们要尽可能地营造出一种"我们是在为双方的共同利益努力，我们的目的是互利共赢，我们并不是只顾及自己"的氛围。

那么如何做呢? 这时我们要跳出思维陷阱，施小利、博大利，学会以退为进。比如，我们可以减少使用"笃定"的说话方式，因为这会让对方感觉到很不舒服。比如，在对方提出了一个对我们十分苛刻的条件时，我们没必要直接拒绝，可以针对对方开出的条件婉转而巧妙地提出建议，让他顺着我们的思路去思考。这样，对方也许就会改变想法。

此外，我们还要注意，其实谈判最重要的是，双方达到了心理的平衡点——彼此都认为达到了自己的心理预期，取得了一个相对满意或者至少可以接受的结果。但是这种满意有时候并不单单指利益，它的内涵有很多，还包括谈判氛围是否融洽、谈判过程中自己是否取得了主动权等。

有时候，让对方觉得谈判的过程很融洽、很舒服，也是一种满意。因为比起得到切实的利益，对方可能更喜欢一种轻松愉快的人际交往氛围，而良好的谈判氛围对实体利益有着很大的影响。

毕竟，在企业融资谈判中，投资方因为融资方"是个好人""真诚会说话""价值观合得来"，而慷慨给予投资的例子还少吗？所以我们一定要认真把握好这个"满意度"。

切记，我们可以输掉谈判，但一定要赢得利益。

08

线上沟通这样才高效

提高线上工作效率的秘籍

曾经在网络上看到过这样一个问题：如果未来我们只剩下了一种沟通方式，你觉得会是什么呢？

我们训练营的老师们讨论了很久，我们觉得最可能的是线上沟通。因为5G（第五代移动通信技术）时代即将到来，在这个时代，信息网络会发达到我们无法想象的地步。所以，只有那些懂得线上沟通技巧的人，才能真正成为人际交往的高手，成为生活和工作的赢家。但是，这样重要的沟通方式却常常被我们忽略。

接下来，我将用一章的篇幅来重点讲述线上沟通的一些大原则和小技巧。在本节，我将重点讲解线上工作。

某天，杨谦参加了一个朋友聚会，当时聚会的气氛很热烈，大家都玩得很高兴，但有一个人却显得没那么投入。于是，杨谦私下里问他发生了什么，这个朋友告诉他，自己现在负责的一个项目进展得不太顺利。在杨谦的追问之下，朋友拿出了手机，翻出了聊天记录。让这位朋友头疼的事儿其实就是一次不愉快的线上沟通。

　　事情的经过是这样的：这位朋友是公司营销部门的策划人员，他急需某位客户的资料来做一份报告，但这些资料不在他手上，经理就让他联系其他同事。

　　于是，朋友在微信上找到了负责跟进这个客户的业务员，给他发微信消息说："小张，在吗？"

　　业务员回复："在。"

　　他继续打字："你在公司吗？我有个事要找你。"然后他又补充了一句："我现在要做一个策划案，需要一个客户的具体资料，我找了很多人都说没有，经理告诉我这个客户是你负责开发和跟进的，让我找你要。"

　　这位业务员当时正在外面办事，打字不方便，就发了一条语音，询问他要哪方面的资料。

　　他见对方用语音说话，自己也开始发语音。他连续发了很多条语音，所包含的信息非常多，有客户公司的介绍、公司主营产品的介绍，还有客户的具体意向和要求。最后，他还加了一句："我要在下班前写完策划案，如果不麻烦的话，请尽快整理好发给我。"

　　对方当时正在外面，一看这么多条语音，根本就没打算听。于是，业务员简单回复了一句："你把这些东西用文字整理出来，我办完事回去就发给你。"很明显，这位业务员不想和他再沟通下去了。

最后，这位朋友因为没按时完成经理交代的任务而受到了批评。

其实，像这位朋友这样的人，大家应该也碰到过。你在聊天软件上跟他聊天，还没看完他的上一条信息，他又发了好几条，更过分的是里面还掺杂着语音信息。面对这样的聊天对象，你是不是也非常头疼？

这就是我们在线上沟通时，经常遇到的问题——语言表达杂乱无章。

有的人表达欲很强烈，所以经常在线上沟通时"刷屏"。虽然他发了这么多消息，但不代表对方真的有时间看或听。而且，发很多语音消息，不仅让人心生厌烦，也会使沟通无效。

在这里，我提供三个规避线上沟通"雷区"的方法，希望能对大家有所助益。

避免啰唆，直达主题

工作中的线上沟通讲究简单高效，所以这时候，我们在简单问候了对方两句后，就应该把要讲的事说出来，而不是东拉西扯。比如说，如果你想找朋友倾诉心事，就可以直接告诉他："我想找你聊聊天"，而不是扭扭捏捏地强行寒暄；如果你想问别人一件事，就直接说"我想请教你一个问题"。

要知道，人的专注力是随着聊天时长而逐渐下降的，所以开头就说出重点，往往能让人印象深刻。

基于数据和事实，避免无效信息

在生活中，我们很多人会把线下聊天时的一些习惯带到线上，其实这是不合时宜的。比如，在面对面聊天时，人们习惯在一句话前加上各种各样的客套话，比如："那个""你知道吗""然后"……在这里，我要告诉大家的是，客套话是面对面聊天或者语音、视频沟通时的特殊语言，可以拉近关系，形成轻松愉快的交流氛围。但在用文字聊天时，它们就是无效信息，在文字表达时尽量不要使用。

除此之外，线上文字聊天还容易产生歧义和词不达意等现象，也会造成无效甚至是反效信息，需要我们格外注意。在线上沟通时，我们可以将打好的文字先反复默读几遍，看看是否有问题，之后再发给别人，这样就可以避免90%以上的沟通问题。

提高共情力

一项科学研究表明：一则20秒的语言信息，如果用文字表现出来，不到5秒就能看完。所以为了尊重对方，我们一定要记住：给别人发信息时尽量要发文字，而不是语音。

如果你想要表达的信息量很大，最好要标记序号，分条发给对方，这样对方才会高效地理解你想表达的意思。如果对方在你发送文字的过程中提出了一些疑问，你应当立刻给出回应，而不是自顾自地继续说下去。在发送完文字后，应当停下来等对方回复，而非见对方没有回应就急于转移话题。

有的时候我们很忙，不方便发文字，发语音也不妥，这时候该怎么办呢？在这里，我推荐大家用一些比较实用的软件，例如：讯飞输入法、搜狗输入法等。只要你点击手机键盘上的小话筒，对着手机说话，它就可以较为精准地将语音转换成文字。同时，你还可以利用上述软件保存常用语、标点符号等。多利用现代即时通信工具，能最大限度地提高你的效率。

掌握了上述三个方法，在面对和杨谦朋友一样的情况时，我们可以换一种方式发消息："您好，我是营销部的某某。我现在需要您那里一位客户的相关资料，包括客户公司及产品介绍、客户具体意向和要求等内容，请在今天下班前发给我，谢谢。"

简简单单几句话，就言简意赅地将我们所要表达的重点说了出来。如果对方有疑惑，也完全可以用三言两语解决，这就是一次非常高效的线上沟通。

高质量的人际关系，是这样"撩"出来的

大家都会遇到这样的情况：好不容易加上了对方的微信，可对方却一直对我们爱理不理，让我们觉得很尴尬，沟通也就很难进行下去。

在解决这个沟通问题之前，我们先来了解一下对方为什么会对我们如此冷漠。

第一种情况是，对方此时不想聊。他们要么是对你说的话题不感兴趣，要么就是和你不熟，有防备心。

第二种情况是，对方可能想聊，但他们不擅长聊天，或者他们恰好也很忙，所以暂时不能给出你想要的回复，这也会让你觉得自己受冷落了。

不管是哪种原因，这种冷漠感，都会影响你们的线上沟通质量。我们只有主动打破别人的冷漠，沟通才能变得高效。

做好心理建设

学员丽丽的线上沟通能力非常厉害。因为工作关系，她的微信账号每天都在不停地加着不同的人，有3000多个，而且她必须主动和新加上的每一个微信朋友聊天。

对此我们很好奇，就问她："你每天跟这么多陌生人聊天，从来没碰上过麻烦吗？比如别人不理你，或者随便聊两句就把你删了？"

她说："我们做销售的，哪有不被人拒绝的？大部分时候我都是被人拒绝的。"

"这么多人拒绝你，你的自信心不会受打击吗？"我们问。

她听后笑了笑，说："不会，如果连这点气都受不了，我也不会干销售呀！"

她说的对，无论你怎么努力，这个世界上总有不待见你的人。所以，应对别人的冷漠回应，我们要从建立强大的内心开始。

每一个人都有不同的性格，你不可能让所有人都对你满意，对你热情似火，你要调整好自己的心态。你可以这样告诉自己：假如我在跟别人沟通时有礼貌、热情主动，别人不理会我就是他的事，因为我已经尽力了，只能说明他不是我想要找的那种人；假如是因为我的原因，那也没关系，我可以分析原因后改正。

做了上述两种心理建设，你就会建立起一种强大的心态，不至于让别人的冷漠影响了你的心情，毁了你想要建立沟通的信心。

及时调整与他人的沟通策略

有一次，我们沟通训练营的老师新添加了一个微信好友，想了解一下她的个人情况。开头聊得挺好的，这位老师很客气，对方也很热情。可聊着聊着，这位老师就觉得有点不对劲了，对方的回应开始变得冷淡，有时候隔几分钟才回一句话，非常敷衍。

这位老师想是不是自己不小心说了让对方不高兴的话，于是就回翻聊天记录，看到了自己说过这样一句话："看您朋友圈里的照片，觉得您皮肤真好，肯定在皮肤保养上花费了不少吧……"立刻明白了——他们还不太熟，这句话肯定让对方觉得这位老师是个微商，所以她才有了戒备心，态度开始变得冷漠。

接下来，这位老师打了这样一行字："亲爱的，我能问你一个问题吗？你平时是怎么做面部保养的呀？我对这方面不懂，你能教我吗？"

对方很诧异地问："你不是卖护肤品的吗？怎么会不懂？"

这位老师立刻解释："不不不，我不是卖护肤品的，我刚才夸您皮肤好，是真觉得好，我也想有你这样的皮肤。"果然，对方的态度明显好转了，他们的沟通又重新开始了。

面对别人的冷漠回复，你首先要设身处地去想你和对方的关系，你需要站在他的角度去思考——我之前说的那些话有没有让别人觉得不舒服。你可以跟你的好朋友互相开对方的玩笑，挖苦他长得丑，但是如果你和一个陌生人说这样的话，对方肯定会很不高兴。

找出原因后，你就该及时做出调整，巧妙化解尴尬。

主动激发别人聊天的兴趣

前不久，一个很久没联系的朋友突然找张强，面对这种没事不联系，一联系就找人帮忙的人，张强不是很喜欢。但碍于朋友之间的情面，没有直接拒绝，就随手回复了几个字："嗯，你说吧。"

对方没有继续说下去，而是给张强发了一个红包。

张强有些不明白，就问这是什么意思。

对方回复说："这件事情比较麻烦，可能会耽误你一些时间，小小心意你就收下吧。"

张强并不是那种见钱眼开的人，但对方发红包给他，就代表尊重张强的时间和劳动价值。所以，即便张强没有收对方的红包，还是非常认真地回答了对方的问题。

所以，如果你想让你的线上沟通不再冷淡，就得学习怎样去主动引起别人的兴趣。你可以像张强朋友一样在找人帮忙时主动发一个小红包。如果你的聊天对象是做生意的，你也可以买一件他的产品。一旦你变成了他的客户，他对你肯定也不会冷淡了。

当然，如果你觉得自己可以帮助到对方，也可以主动提出帮忙。比如，他是一个服装店老板，如果你有销售渠道或客户资源，就可以分享给他。

我上面说的这些都是用利益来激发别人的兴趣。除此之外，你也可以用话题来激发别人的兴趣。比如，你知道这个人的爱好，就可以主动抛出话题引起他的兴趣。如果你不了解对方，就可以"刷一刷"他的朋友圈，挖掘出一些跟他有关的信息，主动制造能让他感兴趣的话题。

总而言之，不管你用什么方式，只要能成功激发对方的兴趣，彼此之间也就不存在冷漠这回事了。

提高"奔现"成功率的沟通小妙招

现在，很多人的恋爱都是从线上开始的。我们和某些异性在线上聊天的目的，大多是为了在线下产生爱的链接。很多时候，我们加上了心仪的男孩或女孩的微信，却不知道如何开口，更不知道要如何让对方喜欢上自己，就更别提约对方出来见面了。

一个平日非常健谈的男性朋友曾经向我诉苦，说自己平时挺活泼开朗的，但面对自己喜欢的女孩却突然变得笨嘴拙舌起来。我问他是怎么和女孩聊天的，他就给我讲了他前段时间追求一个女生的惨痛经历：

朋友和他心仪的女生是在一次聚会上认识的，双方对彼此的第一印象都还不错，就互相加了微信。聚会结束后，朋友给女生发的第一条消息是视频通话请求，对方理所当然地拒绝了他。

听到这里，我感觉有些无奈，因为很少有女孩会在晚上11点多和刚认识的男生视频聊天。可见线上聊天，尤其是和异性聊天，拿捏好分寸是非常重要的。

之后的几天里，我这位朋友的热情似乎并没有减退。他几乎每天都会找对方聊天，还会按时问候"早安""晚安"。但聊天的内容非常尴尬，永远都是以"你在干吗呢"开头，然后开始没话找话地"尬聊"。

两个礼拜之后，他心仪的女生彻底不理他了。

现在，我们来分析朋友在线上和异性聊天中所犯下的错误。

首先，他聊天缺乏分寸感。在双方还都不熟悉的情况下，就在深夜给对方发起视频聊天，聊了几天后就称呼对方"宝贝"，这样的做法非但不能拉近双方的距离，反而会给对方一种"你这个人很轻浮"的感觉。

其次，他不懂得怎样找话题。在不知道怎样勾起对方聊天兴趣的情况下，还继续没话找话，就会让人觉得这个人很没有情趣，和你在一起没有任何舒服、开心的感觉，那么对方肯定不会对你产生好感。

相信很多人都有过类似的经历。有时候我们越是看重对方，就会变得越谨小慎微，越不会说话。所以接下来，我们就来聊一聊如何和喜欢的人进行有效的线上沟通。

假设此时你已经加上了心仪的人的微信，却又不知道该说些什么。那么我来分享一个万能公式：在不知道该说什么的时候，就发表情包。面对你心仪的对象时，一个可爱的表情＋打招呼＋简单的自我介绍，是最不会出错的开场白。如果对方刚好在线，可能也会和你打个招呼。

接下来要怎么做？斗图吗？当然不行！直接告白吗？这太鲁莽了，会吓到人家。所以，最不会出错的方法当然是——闲聊，这会让对方对你卸下防备，一步步拉近和你的距离。

那么，我们要如何闲聊呢？

请先回忆一下你们相识的场景——你们是在什么情况下认识的，你用什么理由要到了对方的微信。将这个场景重现，往往是你们闲聊的第一个话题。记住，回忆共同的经历，寻找共同点，是你们拉近距离、发展良好关系的第一步。

如果你们是一个公司的同事，就可以和对方说一说最近的工作情况，或者就对方在某一次会议上的精彩发言表示赞叹。如果你们是一个兴趣课程班的同学，就可以和对方聊聊某节课上讲到的问题。

可是，共同的经历总会聊完，想要将话题继续进行下去，我们又该谈些什么呢？

在这里，我建议大家在加了对方微信之后，先认真翻一翻对方的朋友圈，会让你对对方有一个基本的了解，对方的朋友圈就是你们的"话题制造机"。

我来举个例子：假如你发现对方刚刚晒出了电影票，而你刚好也看了这部电影，你就可以说："好巧啊，我和朋友也去看了这部电影，我觉得情节特别感人，就是男二号的演技有点尴尬，你怎么看？"

有朋友可能会问："如果我没看过这部电影怎么办？"如果你没

看过电影，你就可以问对方："我看你朋友圈晒了电影票，我是导演的"死忠粉"，但不太喜欢那个女演员，正在考虑要不要去看呢，你觉得电影好看吗？给点建议呗。"这样，新话题出现了。

其实闲聊的话题并不难找，你的兴趣、他的爱好、社会热点，甚至是你最近遇到的好笑的事或者小麻烦，都可以成为你们之间关系破冰的引子。其实聊什么并不重要，能和对方一直愉悦地聊下去，才是关键。

这时候，可能有人要问了：我不缺话题，但是无论聊什么话题都聊不上3分钟，我觉得自己好像就是一个话题终结者，该怎么办呢？

为了解决这个"话题终结者"的问题，我先向大家介绍一个**NLP（神经语言程序学）法则**。

NLP法则是由国际顶尖的身心语言程序学大师罗伯特·迪尔茨提出的，它指的是一种通过模仿语言规律，来转变思维和信念的复杂模式。在本节内容中，我们只说对我们线上沟通最有价值的**上推和下切**。

上推，即对一个话题进行概括性的总结；下切，即对一个话题进行不断分解和引申。一般来说，男生更喜欢上推的聊天模式，他们喜欢抽象归类；而女生则更喜欢下切的聊天模式，她们喜欢不断地深入挖掘。

这两种聊天模式各有优点，但单纯就闲聊来说，我还是推荐大家使用下切法则，因为只有不断深入挖掘，闲聊才能一直继续下去。

下切原则应用到线上聊天，就是如果你是提问者，在对方回答了你任何一个问题之后，你都应该就着这个话题往下引申。

比如对方回答自己是做平面设计的，你就可以询问一些与设计、艺术相关的问题，或者可以相约去看最近的艺术展览。再比如，对方是 1993 年出生的，你就可以说自己也是"90 后"，然后借着"90后"这个话题不断引入，谈谈你们这一代人的共同经历。

总之，下切就是要对对方的话做出反馈，并且就其中的某一个细节不断延伸。

说到这里，可能又会有人问了："你的下切原则我听懂了，可是如果我来引导话题，我还要不断发问，是不是看起来有点像查户口的，让对方感觉不耐烦或者产生防备心理？"

在这里，我给大家推荐一个小技巧：**虚拟陈述**。

虚拟陈述就是在你还不是很了解对方的时候，先告诉对方你对他的预判。举个例子：你想知道对方是做什么工作的，直接问"你在哪家公司上班"，会显得很生硬。换成虚拟陈述的口气就会好很多，你可以说："我猜你是在时尚领域工作吧，听说这个行业的压力挺大的。"

你当然不知道对方到底是做什么工作的，如果侥幸猜对了，对方很可能会回答你："对啊，我是平面杂志的摄影师，每天的工作强度很大，而且现在很多模特都不专业，不过你是怎么知道的呢？"

就这样，一个虚拟陈述既引发了对方对自己工作的探讨，又激发了对方的好奇心。这个时候你既可以引导他讨论自己的工作，又可以赞美他："你朋友圈里的照片都很有自己的风格，我猜你的艺术素养一定很高。"

如果猜错了呢？对方可能会纠正你说："不是啦，我只是喜欢摄影而已，不是专业的，我其实是一名法律顾问。"那也没关系，这也达到了你了解对方的目的，同时还开启了新的话题。接下来，你可以利用我们上文讲过的下切法则，针对法律问题展开更进一步的交流。

当然，你也可以继续刚才摄影的话题。比如，你可以说："你的摄影水平很高啊！不像我，总被朋友'吐槽'，到底怎样才能把风景拍得这么有韵味呢，能不能教我两招呢？"

我相信，对方会很愿意为你答疑解惑！

在上文中，我们谈了很多线上异性沟通的技巧，但是我们的目的是追求恋人！所以，如果双方的关系不能向线下发展，我们在线上的交流就没有任何意义。

所以，当我们的线上沟通进行到一定程度时，就一定要想方设法约对方见面。因为线上沟通毕竟有很多不便之处，文字能传播的信息也有限，你的肢体语言、眼神、声音足以吸引对方，这些是没有办法通过线上沟通传达的。我们只有用有趣的话题一步步铺垫到见面，增加线下的交流机会，我们的线上沟通才有价值。

打造完美人设，朋友圈内容是王道

在知乎上，我曾看到过一个问题：微信头像会影响别人对你的第一印象吗？

其中一个高赞回答是这样的："本人的微信头像是滑稽的大号表情，有一天我去安慰朋友，但是对方发飙了。我觉得我说得很真诚，但是他以为我在嘲讽他。"

虽然只是一个段子，却反映了一个问题：我们习惯于根据对方的微信头像，来判断对方是什么人。

很多人会认为用自然风景做头像的，一般是上了年纪的人；用小孩的生活照做头像的，往往是为人父母的人；用搞笑图片做头像的，通常是活泼幽默的人；用萌宠做头像的，很大概率是个可爱的女孩子；用当红明星做头像的，通常是这位明星的粉丝……

这些看法一定对吗？不一定。

但是大家会根据头像来判断一个人，却是不争的事实——如果我们面对的是帅哥、美女的头像，哪怕心里知道这不是本人，也还是会提升对对方的好感；如果我们面对的是低俗的头像，是不是也会降低对他的兴趣呢？

你的头像反映了你的性格、趣味，你想在别人心中留下怎样的印象，就该选择怎样的头像。

除了头像，影响别人对你的第一印象的，还有你的昵称和签名。一个简单清爽的名字会让人觉得舒服，而一个特立独行的名字也会让人印象深刻。名字没有对错之分，适合你的才是最好的。不过，需要提醒大家的是，虽然我们的情绪起伏不定，但我不建议你经常更改自己的昵称。

现在是一个个人IP（知识产权）价值大热的时代，固定的名字会带来固定的影响，名字所承载的价值，有时会远远超过你的想象。如果你的朋友圈里的人大多是工作伙伴，我建议你用自己名字的谐音字或者自己真正的名字作为昵称，这样便于合作伙伴对你的查找，增加更多合作机会。

当然，比起头像和昵称，更能塑造我们线上形象的，是我们在朋友圈发布的内容——我们阅读、书写、转发的内容，无一不向人展示着我们是个怎样的人。所以，想要经营自己的线上形象，内容才是王道。

那么，我们在自己朋友圈发布哪些内容呢？

有自己的风格和专注的领域

我们有个学员是一位建筑师，他特别热衷于分享古今著名建筑的设计原理、观赏方式等。最开始，我觉得他分享的东西对我一点用处都没有，但后来我发现他自己写的、转发的每一条朋友圈内容，都让我不自觉地去看，从中了解了很多建筑方面的知识，出去旅游也不只是跟着导游盲目地走，开始学会自己欣赏了。

更重要的是，他给我留下了热爱生活、热爱事业的印象，所以有一次公司需要做一个关于古代人文景观鉴赏的线上课程时，我第一时间就推荐了他。

保持你朋友圈的风格，就是保持你自己的个人风格，无论是高深的品位，还是小清新的浪漫，又或者是搞笑幽默，只要给人留下清晰深刻的印象就有价值。

照片比文字更有说服力

如何理解这里所说的照片呢？经常在朋友圈发自拍照吗？

我这里所说的照片，指的是让你用照片的方式，来表达自己想说的话。

我们一般都是用碎片时间来看朋友圈的，很多时候我们手指一划，七八条信息就过去了。这个时候，照片的吸引力比文字强太多了。在照片中，你的形象可以不出现，但你的感悟和思考应该要表达出来。

　　我们不需要拍下你吃的每一顿饭，但偶尔去了非常有特色的餐厅，可以给大家推荐一道菜；不要拍下你读过的每一本书，但遇到特别触动人心的文字时，可以用图片的形式分享出来；不要记录你的每一次运动，但当你用几个月的默默付出，换来清晰的马甲线时，也不妨小小地炫耀一下。

　　没有人想看你流水账一样的生活，大多数人都会为你的改变而赞叹。所以，只选择有纪念意义的照片发出来，在别人眼中你就会闪闪发亮。

　　先天的面孔是父母给的，我们无法改变，但后天的形象是自己塑造的，我们可以通过努力改变。线上形象的可塑性是最强的，如果我们想在线上打造完美人设，就一定不能忽视朋友圈内容的呈现。

09

聚焦不同关系，
轻松解决沟通三大难题

向上管理：成为超稀缺的核心员工

我们都知道员工和领导的关系是职场上最重要的关系，所以最核心的沟通自然是和领导的沟通。

和领导的沟通有两种形式：正式沟通和非正式沟通。正式沟通和我们的本职工作相关，包括在会议上的工作讨论、日常工作中的沟通等；非正式沟通一般指茶水间闲聊、电梯里的聊天、"团建"时候说的一些家长里短等。

我们同领导沟通的目的是推进工作、完成任务、沟通情感、获得信任。在这个目标下，我们应把和领导的每次沟通都当作"工作汇报"，借此来展示自己的工作态度以及精神面貌，这才是和领导沟通的意义所在。

接下来，我给大家重点分享如何向上管理，顺畅、高效地汇报工作。

着重展现勇于承担责任的精神风貌

俗话说："言由心生。"一个人所表达的内容，其实是由其内心的认知和对事情的态度决定的。如果忽视了这个基础，学习再精妙的话术，也无济于事。所以，我们在处理和领导的关系时，首先要正确认识我们和领导之间的关系。

企业运行，讲究的是效率、效益，企业的逐利性决定了员工要尽自己所能，将手头工作处理得漂亮。所以从这个角度分析，领导最希望他的员工敢于承担责任、努力将工作做好、为领导解决问题。

抓住了这个中心点，就算我们不善言辞，也会让领导喜欢。

在职场上，我们都遇到过这样的场景——老板问某一位员工："×××，你忙吗？你现在有时间吗？"

回答不忙的话，老板会觉得我们的工作不饱和；而回答没时间，老板又会觉得你情商太低。

这种场景考验的是我们对和领导关系的认知。领导说这句话其实并不是在询问你是否有时间，他只是想了解一些工作情况，或者想给你安排临时工作。这时候，你需要积极配合，展现出"愿意承担责任"的态度。

所以，你的标准答案可以是："请稍等，我马上来。"

不要小看"稍等"这两个字，它就像足球场上的假动作，一点儿也不多余。它的目的是给对方营造一种心理暗示：我手上有事，我可不闲；事情虽然繁忙，但我会马上到，因为我对工作认真负责。要知道，领导临时安排的工作是我们很难推脱的，与其抱怨，还不如主动承担任务、积极配合。

其实，和上级沟通最重要的不是学习各种话术，而是我们千万别认为对方什么都不知道，以为学几个话术就能搞定对方。要知道，领导最需要的是能帮助自己解决问题的员工。

汇报工作一定要有逻辑

小浩在某公司工作三年多了，很多比他后进公司的同事都得到了提拔，他却原地不动，这让他心里很不是滋味。某天，他终于鼓起勇气敲开了老板办公室的门，并询问老板："老板，我在这里已经工作三年了，有没有迟到早退过？是管理层对我有什么意见吗？"

"没有，你遵守公司的各项规定，我们觉得你为人正直，是个好员工。"

于是，小浩就抛出了自己心中的疑惑："那为什么比我晚进公司的人都得到了重用，我却没有升职加薪呢？"

老板笑着说："这件事等会儿再说，我现在有件事，你能不能临时帮我处理一下？一家客户准备到公司考察，你联系一下他们，问问他们具体什么时候过来。"

处理这点小事还不简单？小浩没用 5 分钟，就了解到了情况。

"联系好了吗？"老板问。

小浩轻松而自信地说："联系到了，他们说下星期过来。"

"具体是星期几？"

小浩说："对方说没特殊情况的话，应该在周末……"

"几个人？"

"刚才您没说要问这个啊！"

"他们怎么过来？是坐火车、乘飞机，还是自己开车？"

听了老板的询问，小浩满头都是汗。

老板没有继续追问，他打了一个电话，将阿豪叫了过来——小浩和阿豪同时来的公司，但阿豪现在已经是部门经理了。老板又把刚才的任务交给了他，他接到指示就出门了。

没过几分钟，他就回来汇报："客户说下星期六坐飞机过来，中午十二点半到机场。他们一共过来5个人，准备考察3天。我建议把他们安排在离公司比较近的远洋大饭店，如果您同意，我马上就订房间。"

老板满意地点了点头。阿豪离开后，老板对小浩说："现在我们谈谈你刚才说的那个问题吧！"

这个时候，小浩才明白自己为什么一直没有升职加薪，他感到非常羞愧。

大家来看一看这个事例，你觉得小浩和阿豪的区别在哪里？为什么阿豪能升职加薪，而小浩却没有呢？

你可能会说阿豪做事更认真、细致、负责，这些确实是阿豪的优秀品质。但是在做事的方法和能力上，阿豪的核心竞争力，是他做事时讲究基本的逻辑——客户来考察，多少人、怎么来、全程吃住行怎么安排，这是基本的逻辑。而小浩没有这样的逻辑，他做事专注于一点上，太片面，汇报工作也不够完整。

我们向领导汇报工作的内容和方式，就是我们做事的方式和方法。如果缺乏内在逻辑，事情做不好，汇报又怎么可能清楚完整呢？

接下来，我就来分享一个简单实用的汇报逻辑：**鱼骨式工作汇报法**。

鱼骨式工作汇报法共分为四个部分：

①鱼头是项目名称；

②鱼尾是该项目的结论；

③左边鱼排是已经完成的工作；

④右边鱼排是遇到的困难。

每次开会或汇报工作前，我们都应该这样依次处理：

第一步：拿出一张白纸，在纸的中心竖着画一条直线，然后在直线上端写上要汇报的项目名称。例如我们要汇报的是本周业绩，那就写上：本周业绩总结。

第二步：在直线的末端写结论。注意，这里的结论指的是可以用一句话概括的，即：是完成还是未完成；是顺利推进中，还是遇到了困难。如果是销售业绩汇报，那么成单量是多少？营业额是多少？总之，一定要有一个最终的、一目了然的数据。

第三步：在已经完成的工作处，依次写明已经完成的事项，并列出序号。每个事项最好都包含事件、数据、对比三类信息，这里的对比可以和去年同期比较，也可以和自己的上个月或上周的业绩进行比较。建议不要与同事的业绩进行比较，避免人际冲突。

第四步：也是很关键的一步，在遇到的困难处列清楚，同样标出序号。其中包含的信息有问题描述、原因以及解决方案。

当你在纸上将这四个步骤全部写完后，你的工作汇报会很完整，而且思路特别清晰。

接下来，我们就可以汇报工作了。注意：对已经完成的"好消息"，我们要采用**事件＋数据＋对比**的方式阐述逻辑；对于没有完成的"坏消息"，我们要采用**描述＋原因＋方案**的方法来解释。

举个例子，如果我负责"研修班"的品牌设计，现在我要给领导汇报工作。我会这样说："'研修班'的品牌设计项目现在我已经完成了80%，预计下月底完成全部策划工作。目前已经完成的是品牌logo（标志）的设计和物料的形象设计。这个策划工作耗时2周，提供了4个预选方案，客户满意度达到90%以上。相比上个月的项目，客户的满意度提高了8个百分点。目前遇到的困难是工厂制作周期较长，工厂任务积压较多。我已经沟通了两次，他们说会优先考虑制作咱们的物料，本周五若还没拿到成品，希望领导您能给工厂负责人打个电话，说明一下事情的紧急程度，之后我再去找他们沟通，您看可以吗？或者您是否有更合适的方案？"

这就是一个完整的工作汇报，领导会通过你的汇报，明确知道事情的进度、你取得的工作成绩、你都遇到了什么困难、要如何去帮助你，这才达到了汇报工作的目的。

我们随时随地都要和领导沟通，不仅仅在会议室和办公室里才会遇到。在和领导的沟通中，最重要的是你有敢于承担责任的态度。向领导汇报工作时，最重要的是讲究逻辑，希望"鱼骨式工作汇报"方法可以帮助你解决实际问题。

增加情感储值，同事也能成为好朋友

　　一些人会将同事关系想得过于简单，不是觉着他们是闺密、兄弟，就是觉着他们是经常见面的陌生人。

　　把同事当作闺密或者兄弟的人，很容易产生失落感。这本质上是因为他们对同事关系期待过高。因为在工作中，大家都有任务和业绩的压力，很多时候还会有利益冲突，不可能亲密得如同闺密或兄弟一样。而把同事当作陌生人，不花心思维护感情，又容易使同事之间的感情淡漠、彼此疏远，使工作难以推进，气氛紧张。

　　那怎样做才能使同事之间的关系既不过于亲密，又不过于冷漠呢？这是职场沟通的难点，也是我们不得不去解决的问题。

　　我在这里先提出一个新概念，它能够帮助我们快速处理同事之间的关系，这个概念就是——"情感账户"。大家都知道，银行账户只有先存钱才能取现，存得多取得多。存得少取得多，这叫借贷，借贷有利息，借钱有风险。

其实，我们和同事的感情也是这样——每个同事之间其实都有一个"隐形账户"，里面的额度决定了彼此的感情，决定了我们愿意在对方身上投入的时间和精力。

举例来说，我们刚加入一家公司，同事之间的情感额度就很低，仅仅是一点儿礼节上的尊重。如果你在工作中什么都不会，还总去麻烦别人，那就是一直在"情感账户"里取款，不出几个星期，同事们就失去了耐心。

我们知道，有些职场新人会积极地给老员工打下手，其实这是聪明的"情感储值"策略。帮老员工处理琐事、减少麻烦，老员工就会乐于给新同事更多的耐心指导。这其实就是在经营自己的情感账户。

所以，处理和同事之间的关系，和同事进行沟通，最重要的就是进行情感储值，没有情感做基础，掌握再多的话术也没有用武之地。

那么，我们该如何进行情感储值呢？

我们得先弄清楚在我们的"情感账户"中，哪些是储值行为，哪些是取款行为。一言以蔽之：能让对方获益的事情就是情感储值，比如说谈心、帮忙、送礼、称赞，等等；而麻烦别人、推卸责任、拒绝、疏远、传闲话、打小报告，等等，都是透支情感账户的做法。

下面，我来分享两个情感储值的小妙招：

认可、赞美他人

我们都知道，人都喜欢听赞美的话，这点其实没必要回避，这是人的天性。

那么，我们该如何智慧而真诚地赞美同事呢？在这里，我给大家分享一个万能的赞美技巧——**"问＋答＋赞"**模式。这个模式能让你不留痕迹地夸赞你的同事，让他们如沐春风。

问：问出细节。例如：你最近忙什么呢？

答：倾听回答。例如：哦，嗯（这个时候要真诚地看着对方，表示你在倾听）。

赞：表达赞叹。例如：你的工作很重要啊，你已经做得很不错了，你当时是怎么想出这些点子的呢？

我们要多向同事提问，提问是因为关心对方，好奇对方做过的事以及对方的想法。

我们都很喜欢别人关心自己，我们都喜欢向别人倾诉自己的想法和烦恼。所以我们应该让同事有一个情感上的抒发渠道，从而在我们的"情感账户"中储值。

同时，我们一定要认真倾听对方的回答。听得多了，说得自然就少了，这是很高级的沟通技巧。倾听之后，我们要回应。那该怎么回应呢？记住，别好为人师，别给同事提建议，也别议论，一定要赞扬对方。

只要你用心去倾听，理解了对方，你就一定能够找到赞扬的地方。哪怕同事说了一件让自己感觉十分伤心的事，你都可以说："哇，真的不容易啊，你是怎么扛过来的呢？"

记住，多去关心同事，认真倾听，积极回应，这就是"问＋答＋赞"式的沟通技巧。掌握了这个方法，在和同事沟通时，你每时每刻都在储值，还担心你们之间长远的关系吗？

求助与共谋

心理学上有一个"互惠原理"，它指的是：每个人都不希望自己亏欠别人的，内心都有追求平等互惠的冲动。

也就是说，如果你主动帮了别人，别人就会有一种亏欠感，会更加信赖你；如果别人帮助了你，就会对你有所期待，希望和你保持更加长久的联系。

所以我们要学会用"求助和共谋"的方式来拉近彼此的关系，给彼此的情感账户储值。简单来说，就是想办法和同事一起"搞事情"，这样双方的感情才会更深。

在这里，我给大家分享一个小妙招：**自己主动去寻求帮助，具体的方法是"小忙＋回报"。**

有一位名叫乔·吉拉德的世界级的销售冠军，他刚做销售的时候，曾挨家挨户地推销生活用品。他不像一般推销员那样敲门就开始推销，他在敲开门之后会疲惫至极地说："您好，女士，我叫乔·吉拉德，是一名推销员，正好路过你们家，我已经跑了一上午，能在您这讨一杯水喝吗？"

在这种情况下，几乎没有家庭主妇会拒绝他。他喝完了水，感谢完女士之后，会说："哦，天哪，您真是好心！我这里正好有一些日用品，可以便宜点卖给您，您需要吗？"

这是一个套路高手呀！我们来看看他是怎么搞定客户的：先求客户帮一个小忙——讨一杯水喝，很简单吧，然后借此去回报对方：我感谢你，所以便宜点卖给你。

那我们该如何求助呢？我们可以先让对方帮一个小忙，然后再给出回报——这其实就是在进行情感储值。

所以，我们在工作中也要敢于求助同事，比如对喜欢看书的同事，可以让他帮忙推荐一下好书；对喜欢吃喝玩乐的同事，可以问问他去过哪些好的餐馆，让他帮忙推荐一下；或者是找对方要一下会议记录……形式不限，举手之劳就行。

对方帮了你，你一定要用实际行动来表示自己的感激之情。比如买些小零食表达谢意，或者找个时间跟对方聊聊天，表达一下感谢，等等。这样一来二去，情感不就储值了吗？

以上是主动向同事求助的方法。当然，在做到向同事求助后，可别忘了要让同事积极来找你"共谋"。

有句俗语："当别人遇到问题没有找你帮忙，损失最大的其实是你。"所以，在职场上，我们千万别怕麻烦，越多人需要你，就越证明你的价值大。而成为同事需要的人，就要降低别人的求助成本。

什么是求助成本？你的冷漠是求助成本，你的不耐烦是求助成本，你的拖延是求助成本，你让别人想起你的时候心里觉得你不靠谱，这也是求助成本。

那么我们该怎么降低求助成本呢？

很简单，量力而行，积极反馈就好。别人找你帮忙，你要提供力所能及的帮助。记住，一定要积极反馈、提前反馈，这是靠谱的人一定会有的习惯。

赢得人心的领导力沟通法则

前通用电气集团CEO（首席执行官）杰克·韦尔奇曾说过："在你成为领导以前，成功只和你的成长有关，而当你成为领导之后，成功都同别人的成长有关。"

可见，人能做成一件事，很大程度上依赖于集体的分工协作。特别是在当了领导后，你的工作能否简洁高效地完成，在很大程度上依赖于你的下属是否能够和你紧密配合、共同协作。

在职场中，领导和下属沟通，最重要的一个词是：传达。传达指的是，你要让下属明白他需要干什么、怎么干，并且确保他能干成。

在我们培养下属的过程中，信息传达的有效性格外重要。要想做到真正有效传达，我们需要做到以下两点：

掌握"回应式沟通"

与"回应式沟通"相对的是"自传式聆听"。何谓自传式聆听？请看以下案例：

小李和王总在聊最近的工作，两个人之间的谈话是这样的：

小李："最近我的工作特别多，时间不够用，我感觉一团糟。"

王总："是啊，你最近工作状态确实不太好，你看看其他人也很忙，但怎么没有懈怠呢？"

小李："我也不想这样，但是任务又多，时间又紧，这让我怎么办？"

王总："大家的工作量其实是差不多的啊。"

小李："我本来把工作安排得挺好的，但没想到发生了意外，事情都挤到了一起，所以才忙不过来，这也不能怪我。"

王总："所以，你要多向别人学习呀。"

……

在上述对话中，王总就出现了典型的"自传式聆听"问题。自传式聆听指的是，在沟通过程中只关注自己，表面在听别人的话，但注意力却都放在自己的想法、感受和判断上。

上述对话中的王总就是带着自己对下属的预判在聆听，所以他并没有真正理解下属现在的困境，更没有帮助下属解决任何问题。

我们可以使用"回应式沟通"来理解对方所要表达的核心意思，具体的操作方法就是去回应下属在表达中的关键信息。

下面我们用这个方法，让小李和王总"重新沟通"一下：

小李："最近我的工作特别多，时间不够用，我感觉一团糟。"

（在这句话里，小李明显有情绪，那么王总首先要回应他的情绪，问出原因。）

王总："嗯，最近公司的业务确实比较多，大家都在加班，都觉得时间不够用，你能跟我说一说你的具体情况吗？"

小李："我本来把工作安排得挺好的，但是没想到发生了意外，事情都挤到了一起，所以才忙不过来。"（小李说出了原因，但是还不够具体，王总可以试着继续回应）

王总："原来是这样啊，遇到意外情况，导致任务难以兼顾，这确实是个问题，具体发生了什么意外呢？可能的原因是什么呢？"

小李："客户那边对账系统出了问题，需要我把上个月的账单重新发给他们，但是这些资料我忘了保存，不得不重新对账，特别耗费时间。"

这时王总了解了事情的真正原因，他可以继续回应。

王总："这确实是客户的问题，那现在你打算怎么办呢？"

小李："我想请您安排一位同事，帮我先处理一下紧急事情，以保证我的任务能按时按质完成。"

王总："你有这样的想法，让我感觉到你很有责任心。我想一想谁能临时帮你，不过大家都很忙，你觉得如何避免下次再出现这种状况呢？"

小李："以后我会制订风险防御方案，为风险事件的处理预留时间。"

王总："你能想到这一点真的很棒，我希望这次任务完成后，可以看到你的风险防御方案，你觉得怎么样呢？"

小李："嗯，好的，谢谢王总。"

采用了"回应式沟通"之后，小李和王总的聊天就显得不尴尬了，小李的情绪得以抒发，事情也得到了圆满解决，而且他还从中吸取了经验教训。

所以，和下属沟通，我们要多去理解和回应对方隐藏的情绪和想法，而不是一味地教育和指责，那样不仅解决不了实际问题，还会让双方的沟通成为一个新问题。

布置工作五步法

作为领导，我们需要给下属布置工作，那么我们应该如何布置工作呢？

首先我们要明白一个原理，叫作**信息传达的衰减原理，**它指的是在我们向下属传递信息时，由于每个人的文化水平、知识背景、经历和经验等存在较大差异，能被真正理解和消化的东西寥寥无几。打个比方：一般来说，你在心里所想的事情是100%，说出来之后只剩下80%，别人能听懂的就只有40%，最后等到执行的时候就只剩下20%了。

所以我们一定要掌握一些沟通技巧，让"衰减"的信息尽量少一些，尤其是在给下属布置任务的时候。如果你给下属布置的任务不够清晰，下属没做好，最终就会相互抱怨，你们的关系就很危险。

那么，我们该怎样向下属布置任务呢？可以通过以下五个步骤：

步骤一：切忌自说自话，确保下属准确理解。

当你向下属布置任务后，你真的确定下属已经理解了吗？也许他心不在焉呢！所以，当你布置完工作任务后，最好让下属重复一遍。很多领导自己在说的时候，看见下属在点头，就以为他听懂了，这其实是一种想当然的理解，他其实未必理解了。

步骤二：耐心询问下属预计会遇到哪些困难，是否需要帮助。

在做完第一步之后，下属也未必能准确理解你的意思，因为他可能没有动脑去思考。不去思考，就不会有记忆，那么我们该怎样让下属思考呢？我们可以问他这件事打算怎么干？可能会有什么困难，让他在脑海里先将处理这件事的方法预演一遍。

步骤三：要让他明白这个工作与他息息相关，能让他得到经验，迅速成长。

虽然我们已经预演了可能会遇到的困难，但是下属真的会全力以赴克服困难吗？对于这个问题，我们不能太乐观。那怎么办？我们最好还是先让下属知道这件事做好之后，能够给他带来什么好处。这是在帮助下属提升他的积极性，让他明白这件事不仅对公司好，对他个人的发展也大有裨益。

步骤四：要求下属及时反馈工作进度。

下属在执行任务的时候一定会遇到困难，那你打算让下属来找你，还是你去找下属呢？很可能他来找你的时候，事情都已经无法挽回了。所以记住，千万不要认为自己布置完任务后，事情就完成了，你要的是结果。那么你为什么不在下属执行任务的时候，主动去跟他沟通一下呢？这样既能敦促下属，也能让下属感受到你的关怀，还能解决他在工作中遇到的实际困难，可谓一箭三雕。

步骤五：任务结束后，要求下属汇报结果，并阐述从中获得了什么。

在任务结束之后，你要帮助下属进行反思和复盘。你对下属的期望是他将来能独当一面，这就需要我们关心下属，帮助他成长，然后鼓励他、肯定他。

以上就是和下属沟通的"回应式沟通"以及"布置工作五步法"，相信这是可以现学现用的方法，对改善我们和下属关系很有帮助。

这四种高段位沟通法，让亲近的人越来越亲密

网上流传着这样一句话："对父母最大的孝顺，就是好好说话。"

在生活中，我们往往对不熟悉的人彬彬有礼，却将我们最恶劣的一面展示给了最亲近的人，让他们受伤和担心。

随着我们交际圈的扩大，亲密关系的范围也越来越广。一切让我们看重的人，我们与之构建起来的关系都可以称之为亲密关系。而越是亲密的关系越可能出现问题，沟通就显得越发重要。

完全回避沟通，可能会让亲密关系走向毁灭；而被小心翼翼"保护"起来的亲密关系，则非常容易在面对一点点挫折时迅速破裂。接下来，我将分层次地讲述几个维持亲密关系的小技巧：

适当"退缩"，给彼此留出空间

我们应该都见过这样一种人，我们和他们在日常沟通中无障碍，但你一旦想和他们就某些重要问题进行深层次的交流时，他们就沉默了。不管你如何要求他们表达自己的想法，他们总是保持沉默。

慢慢地，你们之间的关系就会陷入僵局。

这时，我们可以运用"要求—退缩"的模式来进行交流。当对方退缩时，我们也应适时后退，给彼此留出适当空间。我们必须要知道，步步紧逼容易引起对方的抵触情绪，让沟通难以进行下去。这时候我们要从根本上改变这种沟通模式，重构双方沟通的模式。

巧妙表达，提出自己的真实需求

我们可能会有这样的体会：有时候，我们向最亲密的人表达自己的需求时，要比向不那么亲近的人，甚至是陌生人表达更加难以开口！

这种情绪的产生主要有两种原因：一是比起普通人，我们更害怕被重要的人拒绝；二是我们一直在等待对方主动发现我们的需求，如果对方一直无动于衷，我们就会因为失望而更不愿主动开口了。

人和人的思维方式千差万别，你不表达出自己的想法和需求，别人是很难准确知道的。所以，在亲密的人面前表达真实的自我，就需要巧妙地运用语言了。但是我们要知道，所谓沟通并不只局限于开口说话，还包括我们的身体语言和情绪。在现代社会，肢体语言日益被重视，甚至有专家提出了"沟通等于7%的语言加上93%的肢体语言"的观点。

所以，我们在与亲近的人交流时，如果将沟通的三要素"自己""他人""情境"这三者都考虑到了，就会知道哪些话该说，该怎么说；哪些话不该说，不能说。如果不方便说，该采取哪种肢体语言来表达。

通过对上述因素的分析，我们便可以找出一种最适合自己的表达方式，巧妙地让对方明白自己的真实需求。

因人而异，拒绝对方的"合理"要求

拒绝亲密的人往往也比拒绝陌生人困难许多，尤其是当对方提出了貌似"合理"的要求，并对这件事充满了渴望和期待的时候。但是，他提出的要求又的确让你为难，或者超出了你的心理舒适区。那么在这种情况下，我们该如何处理呢？

首先，我们要对他人的要求有基本的认知。如果你认为对方提出的是不合理的要求，你可以用很坚定的语气拒绝对方。

其次，如果对方是你非常要好的朋友，就应该告诉他你不愿意接受他的要求的原因，并询问他为什么要向你提出这样的要求。你一定要让你的朋友意识到，向别人提不合理的要求是不正确的。如果对方只是普通朋友，而你又不愿意答应他的要求，你就可以找一些合适的理由拒绝他，比如自己没时间，或者还有别的事情。

我们在拒绝别人时，一定不要有傲慢的态度，因为这样可能会破坏彼此的感情。此外，你也可以给你的朋友提一些好的建议，用其他的方式去帮助他解决问题。

进行深层次的"自我暴露"

"自我暴露"是指坦率地表达自己、推销自己，并与他人分享自己的感受，以期双方的交流能更真诚和深入，它在每段关系的各个阶段都至关重要。双方自我暴露的程度，与这段关系的发展息息相关。

自我暴露可分为不同的层次，层次越高，越能拉近双方的关系。

第一个层次是情感、爱好的暴露。在人际交往中，你可以适度地告诉朋友你的某些爱好、饮食习惯等，这有助于朋友进一步了解你，也有利于寻找你们之间的共同点，从而加深你们的感情；

第二个层次是观点、态度的自我暴露，比如你对某些社会事件的评价、对某些政治人物的态度。这有助于朋友更深一步地了解你的世界观和价值观，为你们的友谊夯实基础；

第三个层次涉及我们的隐私，比如人际关系和一些家事，等等。这样的自我暴露容易引起朋友情感上的共鸣，让他觉得你是信任他的。此后，当他有了苦闷或开心的事，也会喜欢同你一起分享。

这时候，你不妨做个"树洞"，倾听他内心深处的真实想法，并对他的经历表示同情或鼓励，这样会让朋友觉得你是站在他那边的，你们的友谊会更上一层楼。

朋友、家人之间适时适度的自我暴露，有助于增加两人之间的亲密感，增进彼此的感情。而巧妙提出自己需求或拒绝他人的苛刻要求，在亲密关系中划定合理边界，有利于我们维持并呵护这段关系。

10

强关系谈感情，弱关系谈利弊

如何快速链接你想认识的人

在日常生活中，很多人都想知道如何与不熟悉的人交流。例如：在电梯里，遇见了同一栋楼里只见过几次面的邻居，双方打完了招呼后，却不知道该如何继续交流；在公交车站，每天都和一个人一起上下车，怀疑他是同事却又不知道怎么开口；最重要的是，出门遇见了自己喜欢的帅哥或者美女，搜肠刮肚却找不到搭讪的理由。

搭讪人人都能做，但为什么有的人搭讪能成功，有的人会失败呢？搭讪成功后，我们又该怎样推进关系，成为真正的朋友呢？接下来，我们就来探讨和陌生人沟通交流的技巧。

做好搭讪前的形象和表情准备

搭讪最可怕的不是失败，而是自己还没开口，目标对象就走了。很多人对此百思不得其解，其实原因并不复杂：你还没有做好搭讪前的形象和表情准备。和陌生人搭讪，你不一定要西装革履或者浓妆艳抹，但你一定不能邋里邋遢，良好的形象往往会让人产生沟通的欲望。

俗话说"没有丑女人，只有懒女人。"其实这句话不仅仅适用于女人，对男人也适用。一个人的容貌和体格是先天的，但衣着打扮、发型、神态却是可以调整和提高的。一个干净整洁的形象，是你搭讪成功的前提。

除了形象之外，我们的表情也非常重要。我们的面孔不能像检察官一样严肃，你得表现出乐于和对方交谈的热情。你最好面带微笑，如果能略带点羞涩就更好了。因为在中国传统文化里，羞涩的人最容易让人放下防备心。

找准聊天的话题

假设你们在地铁站，共同点就是排队等地铁。如果你说："今天地铁里的人真多啊，平时这条线人一直这么多吗？"

对方可能会说："平时人没那么多，或许今天是节假日的缘故吧。"

这时，你就可以接过话头："人这么多，希望下一趟地铁能上得去。"

虽然只有三言两语，但你们之间的距离明显拉近了。我之所以建议大家从共同点出发，是因为找到了共同点后，你们的对话就有了着力点。

　　寻找共同点，我们也可以从兴趣、职业、近期状况等几个方面入手。假如你们在某个展览馆里相遇了，你们的共同爱好就是最好的切入点；假如你们是同一个公司的同事，那么你们的职业和部门，便是切入点；当然，如果你们之前就见过面，稍微有点熟，就可以从个人近况聊起。

　　譬如说，你每天夜跑，经常在跑步的时候遇见一个人，你想认识他，那么你在搭讪的时候，聊近况就是一个不错的思路。"嘿，你最近怎样啊？""我最近天天跑步，感觉人也精神多了。"这便是一个不错的开局方式。

　　假设你搭讪成功了，你们就算点头之交了。下次在路上遇见时，你就可以直接跟他打招呼，相互问候。但如果每次只是"你好""早上好"这样的打招呼方式，你们的关系就永远停留在点头之交的层面。

　　所以，在打招呼后，你要试着主动谈起一件事，把双方的聊天进行下去，这样你们的交情才能越来越深。你们所谈及的东西不需要有多高深，最好是和彼此都多少有些关系的东西。比如你看到对方从麦当劳或肯德基里买了一份早点，你可以说："咦？原来这附近有快餐店啊，我之前都没注意，在哪儿啊？"这样简单地找到一个话题，你们便进入了一个聊天的状态了。只要你能做到这一点，相信你身边的朋友就会觉得你是一个可以聊得来的人，对你的好感和亲切感也会逐步增加。

把关系保持得恰到好处

对于刚认识不久的朋友，表现得过于亲密也不太适合，我们要懂得把关系保持得恰到好处——这是和人展开进一步沟通交流的关键。

谈到和人保持适当的距离，就得提一下**"推拉术"**了。所谓"推"，就是把人推开，拉开距离。而"拉"就是拉近，表示出对对方的兴趣和友好。这样一推一拉，便能有效地把双方的距离控制在安全范围之内。

比如，你遇见了颇有好感但还不怎么熟悉的女孩，如果直接以"我们一起出来吃个饭吧"这样的方式提出邀约，如果对方拒绝了你，你们之间的关系就会陷入尴尬之中。如果换一种说话方式："附近有间不错的餐馆，我挺想招呼你去吃，可惜我比较忙，没有时间。"这样就会让人感觉缓和多了。

这里面"有间不错的餐馆，我想招呼你去吃"——是拉，是邀请对方走近你；而"可惜我比较忙，没有时间"——则是推，是让对方远离你。这样一来，你既表达了自己想约对方吃饭的愿望，但又没有马上让对方答应，而是稍稍把对方推开，给双方留了一个安全的距离。

如果对方的回答很平淡，那你暂时就别提这个话题了。如果对方非常热情，那你完全可以随时邀请她。

留白和高价值展现

留白指的是你在表达自己的想法，尤其是涉及对方敏感的想法的时候应该留有余地，不要耿直地全都说出来。要知道很少有人能接受毫无保留的沟通方式。

举个简单的例子，假如你和一个刚认识不久的朋友见面，对方穿了一双和身上的衣服完全不搭配的鞋子，并开口问你鞋子好不好看。如果你特别耿直地回答"太难看了"，那估计会得到一个白眼。但如果你违心地说"很好看，特别好看"，那你的眼神和语气很有可能会出卖你，又或者等别人告诉他这双鞋不好看时，你的朋友可能会觉得你很有心机，从此疏远你。

其实你可以选择留白式的回答方法，你可以说："这双鞋款式还不错，但我觉得你之前穿的那双鞋更适合你这套衣服。"这样既避免了得罪朋友，又引导了他思考这双鞋的搭配问题，从而回避了和对方的正面冲突。

其实，留白的核心在于引导对方主动思考，而非直接告诉对方真相。比如，当你不希望对方做某件事的时候，你可以说："如果你做某某事，我会有些难过。"用这种方式说话，并不是直接告诉对方我不喜欢你怎样怎样，而是采取表达自己态度的方法，引导对方明白自己的意思。

留白式发言，很适合和不太熟悉的人沟通，这样可以避免很多冲突。

接下来，我再来谈谈和陌生人沟通的另一个技巧：高价值展现。所谓展现高价值，就是展示你所拥有的价值和资源，这样别人才会不自觉地被你吸引。

当我们在展现自己的高价值时，不要太过刻意。如果你上来就说："我名牌大学毕业，熟读'四书五经'，天文地理没有什么是我不知道的，你跟在我身边，可以学到很多东西。"估计没有人会觉得你正常。

你需要做的是像讲故事一样展示出你所擅长的东西。假如你想展示你的渊博知识，在平时聊天中你应该时不时就露一手——如果一个长相清秀的女孩问你她好不好看，你就可以说她是"清水出芙蓉，天然去雕饰"，同理，如果你的生活很丰富，那不妨把你的爱好和经历分享给朋友，或者邀请朋友一起前去；如果你会开车，也不要吝啬那点油费，适当时开车送一下朋友。

这样展示自己的高价值，相信你的朋友会觉得你这个人很有魅力。

再好的关系，也要懂得维系

1

前些天，一个学员发了一条微信朋友圈，感慨说："相识遍天下，知己无一人。"

他的这句感慨看得我感觉有点儿尴尬，我为自己只是他的"相识"之一而感到遗憾，同时他的感慨也引发了我的深入思考：有些很久不联系的朋友，最终都会变成陌生人。

我们该怎样防止这种事情发生呢？为什么有些人人品不错，在生活中却容易得罪朋友，朋友都躲着他呢？为什么有些人和朋友总是争执不断，矛盾一直无法解决呢？朋友之间的关系应该如何维护呢？

其实解决的办法很简单：**就是主动联系朋友，主动维系友谊。**

可能有人会说，道理我都懂，但很难做到。一提到主动联系人，很多人都会感觉特别不好意思。他们觉得主动问别人的事是在窥探他人的私人空间，对方可能会给我们一个冷漠的回应。比如，有时候你可能会问朋友："你周末休息的时候会有哪些安排啊？"你的朋友可能会回答："看书。"这样简洁的回答，会让你觉得冷漠，从而不敢主动和他说话。但其实，这只是朋友对你的防备心理还没完全放下。

此时，你只需要简单地自我表露一下，就能增加对方对你的信任。比如你的朋友回答"看书"，你完全可以继续追问："有一本书叫作《×××》，我读了之后感觉不错，你看了吗？对了，你最近在读什么书呢？"

通常情况下，只要你先表示出了善意，对方就会主动接话，不再冷淡回应。对方一旦放下警惕和防备之心，你们就可以发散谈话内容，关系也会变得越来越有黏性。

但是我们在维系和朋友的感情时，一定要注意尺度和分寸。

在我们的生活中，总有一些人品不坏但人缘却很差的人，这类人总是觉得自己人缘不好是因为对朋友不够热情、不够关心，于是他们就加倍对人热情，结果人缘却更差了，这是为什么呢？

我们先来看一个场景：

11月11日，也就是所谓的"光棍节"。小白知道同事小黄还单身，就主动关心对方说："嘿，小黄，今天是光棍节，你怎么还没有女朋友，你和前女友分开多久了？"

小黄回答："大概分开两年了吧。"

小白就问："两年了，你怎么还没放下？究竟怎么分手的，谁先提出分手的？"

小黄有些为难，只能简略地回答说："性格不合吧。"

小白马上就说："那肯定是你脾气不好或者她脾气不好，你看你都老大不小了，还一个人过节，多孤单啊，你家里人不催你吗？你工资多少，存款多少，身高、体重的具体数据给我报一下。我看隔壁组的那个小姑娘就不错，我帮你和她说说；如果不行，我在网上帮你发帖征婚，让你早点脱离单身状态……"

听完这番话，小黄瞥了他一眼，没有继续说话。

在这个故事中，我们能看出小白热情似火，但小黄并不领情，这是为什么呢？

因为小白没有把握好朋友间相处的尺度。在光棍节这天，小黄心里本来就不太舒服，小白还提及了对方的前任，并询问细节，这已经是一种冒犯了，但他还得寸进尺，向同事索要工资、存款、身高、体重等隐私数据。脾气比较好的朋友只是赏他个白眼，但要是换个暴脾气的朋友，肯定会把他骂个狗血淋头。

这个例子充分说明，和朋友相处要把握好边界与尺度，这是建立良好友谊的前提。一般来说，涉及对方隐私的问题，比如工资、财产、感情生活等，如果对方不主动提起，你直接跟对方打听，会让对方感到非常苦恼。

另外，我们在和朋友聊天时，一定不要谈及对方的弱项，因为多数人对自己不自信的地方是非常敏感的。

2

上文我们提到，和朋友沟通时不要侵犯朋友之间的界限，说话要注意尺度。但很多人也会遇到一些总是冒犯和干扰自己的人，比如：他们放在办公室或者合租屋里的食物或用品，总是被朋友随便拿去了；和朋友约好了出去玩，却临时被"放了鸽子"；和朋友讨论问题，受到他人的冷言冷语或挖苦嘲讽……

有时候，你可能会反唇相讥或大发雷霆，但事后却发现事情没有得到妥善解决。更多的时候，你默默忍受，选择回避，但其实早就受够了。在面对与人沟通的困境时，退缩是人的一种本能反应，如果你总是选择退缩的话，可能会一直被人欺凌，在困扰中挣扎。

大家可能都遇到过不守时的朋友。比如你和朋友约好了每周六去爬山，结果每次出发前他都很晚才到达约定的地点，等爬完山都已经是大中午了，弄得你们又累又饿。

这个时候，很多人要么选择忍耐，要么选择咆哮："现在知道饿了，又害我没准点吃上午饭！谁叫你总是磨蹭呢？你看其他人现在都在吃中饭、休息了，我怎么会有你这样的朋友呢！"

我们都听到过这种近乎赌气似的发泄，这样的效果当然是不如意的。因为多数人听到这番训斥后，首先肯定会进行自我防卫——"结束得晚，就只能怪我？如果不是你爬得那么慢，我们怎么会这么晚才下来……"接下来，肯定会演变成争吵，导致双方裂痕不断。

其实，解决问题的真正方法，就是采取正向沟通的方式，就事论事地解决矛盾。

首先，你需要明确问题的所在，搞清让你不满的地方。

在和朋友沟通的时候，你要具体说明他哪里让你不满意了，比如你之前所说的"现在知道饿了，又害我没准点吃上午饭！谁叫你总是磨蹭呢？你看其他人现在都在吃中饭、休息了，我怎么会有你这样的朋友呢！"这只能说明你在发泄情绪，不是在解决问题。

这时候，你可以说："最近这三次爬山，我们约的都是早上8点，但三次你都是快10点才到，按我们惯常的爬山速度，下午1点才能吃上饭。"你这么说，相信你朋友一定能认识到自己的错误，为自己的迟到担负起责任。

其次，你应该明确地说出希望对方在哪些方面改变。

还是以上述情景为例，你想表达的是希望对方能守时，可对方不一定能做出切实的改变。最好的沟通方式，是量化地说明问题。你可以具体地说："我希望我们下次的爬山时间不能晚于早上9点。如果晚于早上9点，爬完全程就到下午了，而我们应该在12点前吃午饭。"这么一说，对方清楚了你的底线，就不会再轻易触碰了。

最后，你需要和对方商量一个双方都同意的方案。

比如你希望能在早上9点前开始爬山，就可以和朋友确认："这样没问题吧？"

如果朋友接受了，下次你们就可以按照这个计划执行；如果你的朋友提出了异议，你们就可以继续商讨。假如你的朋友表示早上他不一定起得来，那你可以和他商量："爬山的时间可以推迟，但午饭必须准时吃，所以能不能缩短我们爬山的路线，或者我们可以爬得更快一些？"

针对爬山的例子，用正向社交的模型去沟通的话，说出的话大致是这样的："今天我们爬山结束的时间已经是下午1点多了，我们都又饿又累的，我觉得我们应该做出调整。按我们爬山的速度来算，以后要严格规划好时间，早上9点开始爬山，中午12点前下山，你觉得怎样呢？如果有人晚于9点到，我们就只爬半程，可以吗？"

这样沟通，问题能解决不了吗？双方的关系能不好吗？

高情商的人，都是如何用吵架沟通的

我国唐代女诗人李冶有一首著名的六言诗，叫《八至》，诗句是这样的："至近至远东西，至深至浅清溪。至高至明日月，至亲至疏夫妻。"其中这句"至亲至疏夫妻"，说的是在一起生活的夫妻之间的关系最为亲密，但夫妻没有任何血缘关系，又可以说是最疏远的关系，这就要求我们在日常沟通中格外注意。

避免错位沟通

有一个很流行的概念，叫作"男朋友的求生欲"，和它一起出现的一个词叫作"送命题"。最常见的是女朋友给男生的送命题，大约是这样的："亲爱的，我问你一个问题：如果一个身材火辣的美女坐在你旁边，你会心动吗？"

大多数人会不经大脑就回答："不会啊，我怎么会随便心动呢？"

这可就掉进陷阱里了，女朋友会马上反问你："好端端的，你为什么要让身材火辣的美女坐在你的旁边呢？"

"送命题"之所以让人"送命"，关键就在于出题人原本就给你挖了一个坑——要是男朋友顺着自己的思路老老实实地回答，就已经得罪女朋友了。这个问题看起来很搞笑，但其实里面隐含了一个沟通上的重要原则——**沟通前要明确对方的原意，避免错位交流**。所谓错位交流，指的就是在没有正确了解对方想表达的意思前就开口。

在现实中，人们一般不会直接把自己最强烈的想法表露出来，因为东方人的性格向来含蓄。正是因为这种含蓄的性格，很容易使沟通产生错位。

我们来看一个生活中经常会遇到的情况：

丈夫辛苦工作了一天回到家，和妻子抱怨说："今天我们上司又把一些不应该我干的活儿，一股脑儿全扔给我了，我累死累活的，其他几个同事却清闲得很。"

妻子当然是为丈夫打抱不平，说："下次你和领导反映一下行不行啊，不该你干的活你就别干了，吃力不讨好。"

丈夫回应说："不干怎么行啊，事情哪有这么简单，你想得太天真了，说得太轻巧了。"

妻子气愤地说："我怎么就天真了，我这不是关心你吗？"

丈夫继续接道："你要是真的关心我，'双11'的时候就不该买那么多东西，为家里多省点钱不好吗？"

本来丈夫只是想抱怨一下工作上的烦恼，没想到没说几句话，夫妻俩就吵起来了，而且越扯越远，这就是典型的"错位交流"——丈夫想跟妻子诉诉苦，从妻子那里得到一些温暖和安慰。可妻子却认为丈夫是想让她出谋划策、解决问题，于是就给丈夫提了一些意见，这就是一种错位。

妻子对丈夫的回话，其实是为了表示她对丈夫的关心，但是由于沟通不到位，丈夫就觉得她头脑简单、不体谅人，于是丈夫就找了一些理由吵了起来，这又是一种错位。

在生活中，这样的沟通错位其实是可以避免的。在这个故事中，当丈夫抱怨工作辛苦的时候，妻子只要给丈夫一个温暖的拥抱，听他倾诉工作上的不愉快，就可以避免一场争吵，而且还能增进彼此的感情。

增加幸福感的两件事

很多情侣在刚认识的时候感情会非常热烈，但过了一段时间后就慢慢淡了下去。很多夫妻在新婚时会甜甜蜜蜜，可婚后几年就变成了清汤白水。乏味的日子过多了，两个人会对彼此产生各种不满，关系也会产生许多裂痕。那么，我们怎么让平凡的生活变得有意义呢？

这就需要我们注意两件事：**仪式感和高峰体验**。

经典小说《小王子》里有这样一句话："仪式感，就是使某一天与其他日子不同，使某一时刻与其他时刻不同。"例如，一对情侣出门旅行，如果一方在旅游景点特意买了一个小礼物，在旅途结束的那一天郑重地送给对方，相信对方一定会感到十分惊喜，并把这次旅行深深留在记忆里。

其实，两个人旅途过程中可能会产生很多小摩擦，但结束时来一个充满仪式感的"收尾"，便能使所有的不愉快消散，并增进两人的感情。

仪式感在日常生活中是不可缺少的。法国被认为是世界上最浪漫的国家，我们仔细研究一下会发现，法国人与众不同的一点是：即便是在平常生活中，他们也很懂得制造浪漫。比如，法国人喜欢给伴侣送花，有人甚至每天都会给爱人送上一朵鲜花；法国人喜欢喝酒，他们会定期开一瓶酒，和恋人小酌一杯，共度微醺时光；法国人也喜欢跟爱人讲甜言蜜语，他们会定期对着爱人微笑，饱含深情地说一句"我爱你"。

说完了仪式感，我们来谈一谈高峰体验。提出了著名的"需求层次理论"的美国心理学家马斯洛创造了一个名词——"高峰体验"。**高峰体验，即人在追求自我实现的过程中，当一个基本需要得到满足后，就能感受到短暂却极度幸福的体验。**

据调查，人在遭遇低谷或获得重大成就的时候，会比平时更渴望被关注和重视。而在爱情中，高峰体验往往就来自这些关注和重视。

举一个例子：在某个相亲节目中，一位女嘉宾被问到她的理想男友时，她想到的不是身高、长相、收入，反而是在某个场景中对方对自己的态度——如果有一天，她向她的男友抱怨说工作好辛苦，她希望对方不要冷冰冰地对她说"你是在为自己工作，怎么会辛苦"，而是温柔地对她说一句"我养你啊。"如果对方说了这句话，她就会非常感动，感觉非常幸福。

这个例子充分说明了在我们处于人生最低点的时候，内心会变得非常敏感，会更需要伴侣的安慰。在这种时候，如果伴侣说一句让我们感动的话，我们便好像置身于情感的巅峰。

除了低谷时期，另一个容易让人产生高峰感受的时刻，是当一个人获得成功的时候。我们所说的成功，其实并不需要有多大，即使是小小的成就，只要能得到伴侣恰当的夸奖，就会让人产生十分幸福的感觉。

如果问一个男人婚姻中什么最痛苦，不少人会回答"被老婆看不起最痛苦"。幸福的男人，往往有一个懂得欣赏他的妻子。比如，当丈夫修好了家里的水龙头或灯泡的时候，聪明的妻子一定会对他表示赞赏——"老公，你真厉害，没想到你连这都能修。"或是"关键时刻还是你最靠得住！"事情虽小，但夸奖会让人产生一种自豪感和被需要感，进而获得一种爱的高峰体验。

在这一节，我们了解到了和恋人沟通的方式和要点：首先，夫妻、情侣关系有其特殊性，在沟通的时候，要避免错位交流，要准确理解对方想表达的重点；其次，夫妻、情侣在日常沟通中，要注意仪式感，通过语言沟通和交流，在平静的生活中给予对方高峰体验。

家人沟通，要从"心"开始

一提到父母和亲戚，许多人会感觉很头疼，甚至痛苦。有的人想到了小时候一次考试失利，就被父母重罚的惨痛经历；有的人想到了毕业后因为工作不理想，而被亲戚嘲讽的羞耻经历；也有人想到择偶、育儿上和父母观念不合，而引起激烈争吵的经历……

关于和父母、亲戚的沟通，我相信大家都有类似的疑问：在和父母、亲戚交流时，他们总容易"上纲上线"，我们如何才能让交流的氛围变得温馨平和呢？如果我们和父母、亲戚因观念不同而产生争执，又该如何化解矛盾呢？

前段时间，我们沟通训练营的一位同事每天很早就来公司了，到下班时间宁可加班也不愿回家。我们问他原因，他说出了一段令我们哭笑不得的经历——原来他的父母最近被相亲网站的广告洗脑了，便以他的名义注册了某相亲网站的账号，还在上面帮他物色了几个女孩，让他去见面。同事感觉非常尴尬，一直在躲着父母。

邻居的孙子从家门口跑过，父母都会叹一口气说："唉，我们啥时候也能有个孙子带带啊。"

电视机里放《西游记》，父母会叹一口气："唉，猪八戒都懂得去高老庄找媳妇，我们的儿子还不如猪八戒。"

就连同事闲下来打会儿游戏，父母都会叹气说："唉，专家说玩游戏是心灵空虚的表现，有对象以后就不想玩了。"

……

于是，同事郁闷到连家都不想回了。但逃避真的能解决问题吗？显然，他躲得越久，和家人的矛盾就越深，越难以化解。

所以，我们在面对这类问题的时候，最好的解决方法就是通过讨论弄清楚分歧所在，用沟通解决双方的矛盾。

要尊重对方

很多人会觉得父母的观念又老又土，所以在父母给他们提一些意见的时候，总会先入为主地拒绝。如果我们抱着这样的态度沟通，只会加剧双方的矛盾。试想，如果一个人从心底里就不尊重你，你又怎么会尊重和理解对方呢？

所以，我们要将心比心，当我们和父母发生分歧的时候，我们不妨站在父母的角度上思考，同时还要学会欣赏父母的优点，懂得控制自己的脾气，在沟通中不急不躁，保持亲切友善的态度。

以上述同事的故事为例，当他知道父母帮他注册了相亲网站账号的时候，如果能笑着说一句："嘿，你们俩还挺时髦啊，电脑用得这么溜，比老李他爹强多了。"当我们理解了父母的良苦用心，就会尊重父母，也就没有解决不了的问题了。

要多一点耐心

大多数父母非常喜欢唠叨，一来是因为他们年纪大了，思维不如年轻人敏捷；二来是因为他们都喜欢用旧时的经验指导新问题，就容易和孩子产生观念上的冲突。

在知道了父母思维的特点后，如果我们能耐心地听他们把话说完，然后再慢慢阐述自己的观点，对方的情绪就会缓和很多，也有利于后续的沟通。

另外，你要表现出对父母的在乎。在和父母沟通的时候，不妨先简单复述一下父母的观点，显示你在认真听他们讲话，然后再展开自己的观点。

还是以上述同事的例子来说，如果他听完父母的一番论调后说："爸、妈，我明白你们的意思，你们是觉得我年纪也不小了，希望我能尽快找个老婆，过上幸福的日子。但现在骗婚的人那么多，离婚率又那么高，要是草率地找了个不合适、不孝顺的人天天在家打架，能幸福吗？要是气坏了你们俩，我的心里能好受吗？我不是不找，我只是宁缺毋滥，想找个会持家又孝顺你俩的，这样我们一家人才能过上幸福和谐的日子啊！"这么一说，是不是让父母感觉好多了？

要有长期、良好的交流基础

一个和家人关系亲近的人，在和家人出现分歧的时候，会很理性地解决问题；而一个和家人关系不好的人，在和家人产生矛盾的时候，就会互不相让。所以，我们要想和父母沟通得顺畅，平时就要多关心家人，提升双方的亲密度。

家不是讲理的地方，和父母、家人沟通也不是参加辩论赛。有时候，哪怕是你争赢了，也不一定能改变父母的观点，反而还会惹他们生气。所以，**和家人的沟通关键在于如何化解分歧，融合彼此的价值观，而非以强大的辩论能力压倒对方。**

11

男女有别，
怎么说比说什么更重要

沟通中如何逾越男女思维差异

很多人在职场、生活中都很会说话，可是一到了感情方面就容易犯糊涂——要么是一见到异性就紧张得什么话都说不出来，要么就是连珠炮般说个不停，生生把对方聊成了闺密或铁哥们，再无任何进一步发展的可能。

我曾在餐厅看到过一对正在相亲的男女：

男："你好，请问你叫什么名字？"

女："李梅，你呢？"

男："噢，我叫王明。你在哪个单位工作？"

女："我在××公司。"

男："噢。"

接下来，双方就陷入了一阵尴尬的沉默中。那么我们到底该如何与异性沟通，才能为感情升温打造基础呢？

两性间的沟通和普通朋友之间的沟通完全不一样，那些不善于和异性聊天的人，是用了错误的聊天模式。在介绍具体方法之前，我想先给大家讲一讲关于两性聊天思维的不同。

举个例子，在电影《致命伴旅》中，朱莉和德普在火车上偶遇，他们展开了这么一段对话：

朱莉对德普说："你请我吃饭吧！"

德普回应："我可以请你吃饭吗？"

朱莉说："女人不喜欢被提问。"

德普回应："和我去吃饭。"

朱莉说："太鲁莽了。"

德普回应："和我一起吃饭好吗？"

朱莉说："瞧瞧，你又提问了。"

德普回应："我想要吃饭，但是没有你，我吃不下。"

朱莉刹那间喜笑颜开。

德普的最后一句简直称得上是完美的回答，因为他这一句话里包含了女性所需求的东西。所以，他们的对话就是两性沟通的范本。当你把话说到位了，就没有不能升级的关系。

当然，从这个例子中我们也能看出，男性往往会呈现出一种概括化语言的思维，也就是以做出评价、解决问题、结果导向为基础的语言模式。上述例子中，德普换了三种表达方式，用遍了结果导向的回应方式才摸透了规律，找到了对方想要的答案。

而女性的聊天思维是感性的，是以表达感受、描述问题、关注过去为基本点的一种具体化的聊天方式。所以，男性只有使用这种表达感受的方式，才能获得女性的认可。

若你的沟通对象是女性，就应该试着多用感性的、表达感受的方式去沟通；若你的沟通对象是男性，则可以用结果导向的聊天方式去沟通，不要过多表达感受，因为对方根本注意不到你的重点。

所以，打动女人的最好方法是和她聊回忆、聊感受；而打动男人的最佳策略则是向他请教问题，一起探讨解决方法。这才是因人制宜的聊天吸引法则。

当然，这种男女思维差异并不是一成不变的，它还和人的安全感有关。也就是说，无论男女，当人们安全感高的时候，就会更多地表现出女性思维的聊天模式；而安全感低的时候，则会更多呈现出男性思维的聊天模式。

举例来说，当男生很积极地追求女生，而这个女生处于没有安全感的状态的时候，男生会出现女性思维的聊天模式，而女生会表现出明显的男性思维的聊天模式。

比如：

男："你周末打算怎么过？"

女："在家休息。"

男："这么好的天气应该出门呀，我和朋友们正商量去郊游呢，听说××挺不错的。"

女人很快结束了话题，说："那就祝你们周末愉快。"

又或者，当女生面对自己很喜欢的男生非常紧张时，就会出现男性聊天模式，而男生则可能保持在自己的男性思维中，处于防御状态，同样会让话题很快结束。

比如：

女："今天一起吃饭吗？"

男："要加班。"

于是女士结束了话题："哦，那改天再约。"

通过以上的例子，相信大家都明白了掌握两性思维的原则的重要性。那么，我们具体该怎么做呢？

两性沟通的正确思维大致分为三个层次：

第一层，你要给对方安全感，让两个人有话聊。只有有话聊了，你才有机会打开对方的心房，才有机会和对方近距离接触。

第二层，你要在有话聊的基础上，制造情绪起伏，挑起对方的兴趣。因为我们和异性聊天是为了增强感情，而不是为了解决问题，更不是为了完成任务。

第三层，你要在你们双方已经足够接近的基础上，继续拉近距离，**突出自己的独特性，让对方感觉到你和对方关系的独特性**，才能继续推进感情的发展。

只有经过以上三步，你们的关系才能完成由普通朋友到男女朋友的华丽蜕变。

反撇：让感情保鲜的秘诀

两个人在一起，让彼此有安全感非常重要。那么，我们该如何让对方从你那里获得安全感呢？

在这里，我给大家分享一个非常好用的小技巧，叫作"反撇"。反撇，通俗来说就是出乎意料。如果你经常使用"反撇"的技巧，你和异性之间就永远会有新鲜感，他（她）就会始终对你持有好奇心，不自觉地向你靠近。

我们沟通训练营的一个学员曾和我说过，她曾经遇到过好几个相亲对象，约会地点的第一选择一直都是她家附近的商场饭馆，她觉得这些人真没有创意，基本上见了一面就不想有下文了。

后来，她遇到了她现在的老公。他看到她在朋友圈发了想去游乐场的内容，第一次见面就约她去了游乐场。在游乐场，两个人玩得不亦乐乎，聊得也很开心，后来就顺理成章地在一起了。

像这位学员的老公这种出乎意料的邀约，就是运用了"反撇"的技巧。这种做法，会让人在对你产生兴趣的同时，更想去探究你是什么样的人。

在用了"反撇"技巧之后，我们可以用**宏观和微观的聊天技术**，去增强两人的关系。

比如，如果对方说"我最近在健身。"你要想跟上对方的话题，肯定要先回复："真的吗？我最近也在健身，你在哪个健身房？"这句回应乍看起来没有问题，但我们要知道"你在哪个健身房"其实是一个很微观的问题，同时它也是一个较为封闭的话题，是不利于话题延续的。

所以，"你在哪个健身房"不是我们的最优话题。我们可选的话题有很多，比如通过健身可以衍生出养生、减肥等话题。具体话题的选择得根据你的个人喜好，你得尽量将话题延伸到你熟悉的方向。

举个例子，初次见面的双方如何从"健身房"延伸到"大学"话题上。

最好的方法是通过现在的健身房和大学时期的健身房的对比，引出"大学生活"这个话题。比如，你可以说："不过话说回来，现在和大学的时候真的不一样。那时候我们去健身房都是成群结队的，跳跳操、打打球，再跑会儿步什么的，现在只能形单影只地去健身，主要是大家的时间凑不到一块儿去……"

那说到大学这个话题，除了健身还有什么？社团活动、学习、和舍友的关系、生活费来源、和家人的关系……可聊的东西简直太多了！

如此一来，我们就可以通过宏观、微观交替的方式，自然地开启一个话题，再深入地聊下去，然后再从中开启新的话题。更重要的是，这个对话还是你展示自我的机会。因为在喜欢的人面前，我们当然要展示出自己的优点——比如在聊天的时候，我们可以表现出自己热爱运动、享受生活、社交生活丰富等优点，可谓一举两得。

在采用宏观和微观交替的方式和喜欢的人聊天时，如果我们能再发掘出彼此的共同点，就会更有话聊。比如说你们是老乡，虽未曾谋面，但一听是老乡就会感到非常亲切。或者你也可以聊一聊你们的童年，曾经和小伙伴们一起玩的游戏，高考前的紧张和高考后的放松，那些年一起听的歌、追的剧，等等。在这些话题里，你总能找到自己和对方的共同点。这些记忆是你们聊天的切入点，也是你们感情再进一步的基础。

除了共同点以外，你还可以有针对性地关注你喜欢的那个人喜欢的话题。

如果对方是男生，你就可以关注体育竞技类运动、武侠小说，等等，从中找到和他的共同话题。另外，如果对方有妹妹的话，你还可以在他面前讲述一个哥哥的故事，讲述他小时候是怎么带领你、保护你的。这些带着青春热血的故事，也会自然而然地让他想起自己曾经保护的妹妹。

若你心仪的对象是女生，则可以关注一下热门影视剧、文学艺术、时尚、养生等，这样你不仅和她有话题聊，还能不经意地打探到她对爱情的期待，可谓一举两得。

幽默：爱情升温的催化剂

爱情是一个永恒的话题，在茫茫人海之中，相爱的人能够遇见无疑是最美妙的缘分。若我们有幸遇见意中人，且两人的关系已经日益亲密，那么我们如何巧妙地通过表达，让彼此之间的关系更上一层楼呢？

在这里，给读者朋友们分享三个小技巧：

说话要挑起对方的兴趣

恋爱中的有趣，是指让你的意中人感到轻松，感到你们在同一个频道上。那么，我们该怎样调动对方的情绪呢？其实很简单，就是在聊天的时候加入一些未知的因素，让对方对你产生好奇，这样就可能产生"情绪共振"。

举个例子，当对方问："我听人说你喜欢写作，是吗？其实我小时候也挺喜欢的。"

我想很多人的答案会是："是的，不过我写得很一般。"

这样的回答固然不错，但是离我们想要的效果似乎还差了一些。我们不妨换个表述方式。比如你可以回应说："我的确很喜欢写作，那你的喜欢属于哪个层次呢？"

这时，对方可能会很好奇——怎么喜欢一样东西也要分层次呀？

对方肯定会将自己心中的疑惑讲出来："喜欢的层次是？"

接下来，你就可以一本正经地说："对呀，喜欢一样东西也是分层次的。第一种是你为了博得别人的夸奖给自己强加的一个爱好；第二种是你将爱好当作消磨时间或者说是享受人生的方式；第三种喜欢会内化成你的信仰和价值观，变成一种你可以为之生、为之死的东西。"

相信这样的谈话方式会让你们的聊天变得更有趣味，更有话题感。

所以，像这样制造未知因素的聊天，就可以比较好地为对方提供情绪价值。如果只是单纯地一问一答，没有情绪的交流，聊天就会显得尴尬无比，没有趣味性。

营造参与感

当你在回应对方的时候，把你和对方都包括在里面了，这种方式就叫营造参与感。

要知道，爱情是两个人的事情。所以你只有把对对方的回应，变成一件让双方都有参与感的事，你们的关系才会越来越亲近，感情也会愈加升温。

举个例子：某一天，一位女性学员发了一条关于美食的朋友圈，她配了一张抹茶蛋糕的照片，说："我做的甜点，漂亮吗？"

然后一个追求她的男生是这样回复的："看起来非常好吃，为什么这样努力呀？"

当时，学员紧张兮兮地问我该怎么回。我帮她拟好的回复是：为了以后养你呀！

相信通过这个例子，大家就明白什么是"营造参与感"了吧？这样的"参与感"在两个人感情的升温过程中大有助益！这样，你和他的关系就能逐渐从"你是你，他是他"转变为"你中有他，他中有你"的状态，你们的关系才能从好朋友变成恋人！

内心"吐槽"

"OS"是一个网络用语，意思是内心旁白。

举一个例子：在鲁迅的《阿Q正传》里，阿Q被打了，他用自己独有的"精神胜利法"告诉自己："反了反了，儿子打老子。"这句"儿子打老子"，就是阿Q的"OS"。

如果你跟朋友说："我今天糟透了，老板让我加班，女朋友还让我陪她，好烦啊。"

你这样"吐槽"，很容易被对方忽略掉，毕竟人和人的情感并不相通，你的烦恼和对方没什么关系，他没有办法感同身受。

如果你换成"OS"的方式说话："啊！我真的好累啊，加班的时候还要被女朋友抓去陪她，我就觉得自己像一个乒乓球，被他们拍来拍去的。"

对方听后，肯定会觉得特别有趣。他会对你的话题产生兴趣，想继续听你说下去。接下来，你们就可以分享各自的经历，慢慢关系也会拉近不少。

同时，内心"OS"也可以用在对方向你抱怨时，表达你对他的关心和爱护。

我来打个比方，假设有一天，你的意中人对你说："今天有个人对我特别不友好。"

如果你说："怎么会呢？一定是他很过分。"是不是起不到安慰效果？

但如果你说："这种人，要是我在现场的话，一定拿个苍蝇拍，将他这种苍蝇给拍死。"是不是安慰效果就增加了很多？

这句话既有趣，又让对方觉得你是懂他的，会产生和你一起"吐槽"的冲动。同时，这句话给他传达出了一个信息：不管对方是什么人，无论在什么情况下，你都会非常坚定地站在他身边。这样一来，对方听后就会觉得非常温暖和感动。

12

销售，
就是要说让人舒服的话

没有卖不出去的货，只有不懂销售思维的人

作为一名资深职业人，十余年的职场经历让张明深刻认识到提升销售技巧的重要性。但是市场和客户都在不断变化，能从根本上提升销售能力的只有正确的销售思维！

十多年前，张明去了一家保险公司卖保险，那时候的保险行业还比较混乱，很多人都没有保险意识。他非常努力地学习产品知识和话术，甚至还做了一件自己认为非常厉害的事，就是把公司所有的产品理解、消化，然后提炼出核心卖点和具有行业竞争力的亮点。随后，他拿着手机给朋友和亲戚一个个打电话，试图把产品亮点说得清晰明了，他相信这么好的产品一定会得到大家的广泛认同，一定会有很多人埋单。

可现实是，他打了100多通电话，但一个有购买意向的人都没有。他感觉非常痛苦，陷入了对自我和对他人的否定中。一直到3个月以后，他遇到了第一位客户。

那天，他的客户——一位大姐正在和朋友聊天，话题是孩子和

消费。她说现在物价飞涨，一大家子的花费很高，虽然现在的生活过得不错，但特别担心孩子未来的教育问题。听到她们的谈话内容，张明忍不住说了一句："大姐，其实你可以给孩子单独设置一个教育账户，每个月定期存点钱进去，每个月存入的钱虽然不多，但多年以后会是一笔相当可观的教育经费。"

大姐一听觉得特别有道理，他们就这样交流了起来，最后他拿到了人生中的第一笔订单——一笔还不错的儿童教育险。

这件事让他思考良久——为什么他努力向别人推销，别人都不买他的产品，而在公交车上随意的一句话却让一个陌生人埋了单？

最后，张明终于想明白了销售的本质——你提供的产品需要满足用户的需求。当我们一味地说产品有多好的时候，我们完全忽略了他们的需求，只是在单方面地表达产品的价值。

要知道，"销售"二字，销的对象是人，售的是思维理念。那"销"和"售"，谁占主体地位呢？通过下面这个案例，大家可以看出两者间的关系：

纽约第五大道有一家复印机制造公司，他们要招聘一名销售员。老板从数十位应聘者中选出了三位进行考核，其中包括来自费城的小姑娘安妮。

老板给他们出了一道题，让他们用一天的时间展现自己的能力。出发前，另外两个候选人让安妮和他们一起去，安妮考虑了片刻后却往另外一个方向走去。

第二天上午，老板对这三位应聘者说："昨天你们都做了什么能体现你们能力的事？"

"我花了一天的时间，终于把复印机卖给了一位农夫。"其中一位应聘者洋洋得意地说道。

老板听了点了点头，看向另一名应聘者。

"我用了两个小时跑到了郊区的哈德逊河边，又花了一个小时找到了一位渔夫，接着足足花了4个小时，终于说服他买下了一台复印机。"第二位应聘者说。

老板笑着点了点头，望着安妮问道："小姑娘，你呢？把复印机卖给了什么人？"

安妮从包里掏出几份文件递给老板，说道："我用了一天的时间拜访了两家电器经销商，并且签回了两张订单，总共是300台复印机。"

老板喜出望外地拿起订单看了看，然后宣布录用安妮。

这时，另外两名应聘者表示抗议，他们觉得卖给电器经营商没什么大惊小怪的，他们本来就需要这些产品。

"我想你们对能力的概念有误解，能力不是指用很长的时间去完成一件不可思议的事，而是用最短的时间完成最容易的事！"老板严肃地说："让农夫和渔夫买下复印机，我怀疑你们夸大了复印机的功能！我必须提醒你们，这是销售的最大禁忌！"

多年后，安妮被美国《财富》杂志评为"20世纪全球最伟大的百位推销员之一"，她就是全球最大的复印机制造商美国施乐公司的前总裁安妮·穆尔卡希。

我们常说，思维不对，努力白费。如果我们的思维本来就是错误的，那么再怎么努力也无济于事。很多时候，销售人员总是想通过销售技巧来展现销售能力。但是，即便他们熟练地掌握了销售技巧，有些人应用起来还是会显得非常生硬。为什么会出现这种情况？因为任何技巧都是表面的、浅显的，若不能领悟其核心，那都是白费。掌握一套销售思维，加以思考形成独特的思维方式，自然就会生出万千技巧。

由此可见，**思维决定想法，想法产生行动，行动创造结果。**

有人说"思路决定出路"，那么什么决定了思路呢？答案是眼界。销售人员只有眼界足够高，才可以梳理出正确的思路。

实际上，我们在进行销售的时候，大部分销售技巧和说话方式都是错误的，而这种错误又发生在无意识之间，从而在不知不觉中导致销售的失败。而更可怕的事情是，我们还在日复一日地将这种方法用在顾客身上。要知道，顾客不会一直容忍我们在他们身上试错。长此以往，我们在销售道路上所遇到的阻碍会越来越多。

当我们想要卖出一件产品的时候，一定要先推测顾客想买什么，一个人的购买动机非常重要。而且每个人的购买动机几乎都不一样，所以我们要认真推敲。当你对顾客的购买动机了如指掌的时候，你自然就会知道该如何出售你的商品。

高级销售人员不会将销售和卖东西混为一谈，他们会站在顾客的立场上，真正关心和关注他们的行为动机，并且在推销的时候，让顾客感受到你是在帮助他们。当你这样做的时候，你会发现顾客将你当作了自己人，而你的销售也会水到渠成。

共情，让你的成交量爆发式增长

世界上没有同质化的产品，只有找不到需求差异的销售。

在日常的销售工作中，顾客总会提出这样的问题——"你的产品好吗？"这种问题看似是顾客在给你机会，其实不然。如果你说"好"，在你和顾客没有建立充分信任之前，顾客一定认为你是"王婆卖瓜"；如果你说"不好"，别说顾客会走，老板也会让你跟着顾客一起走。

那我们该如何处理这样的问题呢？

下面，我跟大家分享一个案例：

我曾在街头遇见过一位卖辣椒的妇女，这么多年来，她的销售方法一直让我记忆犹新。

通常来说，卖辣椒的人会根据顾客的需要将辣椒分为两个部分，一部分是很辣的，另一部分是不辣的。这样无论是遇到喜欢吃辣的还是不喜欢吃辣的顾客，都可以根据他们的需要加以推荐。但是，这名妇女与其他人不同，她并没有将辣椒分成这两个部分，而是全数放在一起。

我心想，这样岂不是很难照顾到每位顾客的需求？她为什么这么做呢？

这时候，一位顾客走过来了："老板，你这辣椒哪些辣，哪些不辣啊？"

"看形状，长的辣，短的不辣。"

于是，顾客自顾自地挑了一些长的。

过了一会儿，又有一位顾客出现了："老板，你这辣椒到底哪些辣，哪些不辣啊？"

"看颜色，鲜艳的辣，不鲜艳的不辣。"

顾客听了，挑了自己想要的辣椒离开了。

又过了一会儿，那些辣椒已经所剩无几了，我想这回她应该卖不出去了吧。

结果又有一位顾客过来了："老板，你这辣椒哪些辣一点儿啊？"

"硬的辣，软的不辣。"

这时候，我恍然大悟。这些辣椒已经在太阳底下晒了那么久，肯定有一些被晒软了。于是顾客又按照她的说法，挑了一些自己想要的辣椒。

这时候，妇女的辣椒已经基本卖光了。

我觉得这件事特别有趣，就告诉了一位朋友，朋友说："大家都知道将辣椒分类来卖，但是这位妇女的方法却别出心裁，这肯定是根据自己多年的经验总结出来的，因为这种方法非常巧妙地回避了最后辣椒变软的缺点，又站在顾客的角度上为他们挑选了自己想要的东西，她的辣椒当然会卖得好。"

在有难度的销售项目中，好的销售人员一般都会有非常好的演技。他们会通过每一次销售来演练自己的技能。我们在给顾客介绍完产品后，应该及时反思自己的介绍是否专业，对产品是否熟悉，顾客在销售流程中是否有参与体验，最主要的是这个方法是否是属于自己的。

当你将以上问题都考虑到了，并在销售过程中找到了需要优化的地方，说明你终于走上了销售的康庄大道。毕竟，把产品销售出去，才是我们的最终目的。

有些时候，我们会觉得提出这些问题的顾客都很难缠，于是会下意识地回避这些顾客，其实不然，会提出这种问题的顾客才是我们的目标顾客。

从销售人员的角度上看，产品并不是最主要的，它只是一个方法的集合。而销售人员所要做的，是将这些方法一个一个演示出来，让顾客去挑选哪一种方法可以解决他的问题，消除他的疑虑。所以，顾客购买的是一种解决问题的方法，"产品"只是一种表达方式。

再往深一点儿讲，顾客在提出问题的时候，其实就是在寻找你向他推销的各种产品之间的差异，而这些差异可以给他带来价值。我们只有满足了顾客的需求，他们才会选择你的产品。所以，我们销售的核心不是产品，而是顾客的需求。

销售人员最常犯的错误，就是经常把自己定位成一名"推销者"，认为自己最主要的任务是把产品卖给顾客，而不是从顾客的角度去思考问题。因此在销售的过程中，买卖双方从一开始便产生了博弈。

要知道，我们不仅是一名销售人员，同样也是一名顾客。所以，我们要思考自己在购物时会喜欢什么样的环境，喜欢什么样的销售方式，喜欢什么样的服务，喜欢什么样的沟通方式。依照此思路，我们要去严格要求自己，让所有的销售动作都围绕顾客去设计。将销售的出发点都放到顾客身上，而不是产品上，这就是"顾客思维"。

我给大家分享一个故事，大家就能明白其中的道理了：

有一个年轻姑娘想要买一只玉手镯，所以就来到了一家玉器店。她自己戴了一只手镯，在挑选的时候，她就用自己的手镯去碰这家店里所有的手镯，在听见那些沉闷的声音后，她不停地摇头。

她几乎挑遍了玉器店里所有的手镯，从价格低的到价值连城的都挑遍了，还是没有找到一只自己满意的手镯，就连老板向她推荐的"镇店之宝"，她都摇摇头表示没看上。

于是，老板小心翼翼地探问她的挑选标准。

姑娘告诉老板，曾经有一位老人告诉她挑玉的诀窍：当一块玉和另一块玉发生碰撞时，如果声音清脆悦耳的话，那么这就是好玉。

老板听了后哈哈大笑，他随手拿了一只玉镯递给她："你再用这只玉镯去碰碰其他的看看，保证你能找到合适的。"

姑娘半信半疑地依照老板所说的方式做了，结果奇迹出现了，她碰过的每一只玉镯都发出了清脆悦耳的声音。她愣住了，忙问老板这是怎么回事。

老板笑着说："很简单的道理啊，你刚才用来试玉的那只手镯本身就是次品，你用它来试，声音怎么可能清脆？你想买一只上品玉镯，首先要保证自己手里的那只也是上品啊。"

姑娘恍然大悟，经过重新挑选，最后她在老板店里买下了自己喜欢的玉镯。从此每逢需要玉镯，她都会来这家店购买。

从这个例子中我们可以看出，顾客往往比较重视经过实践所得出来的结论，如果你贸然告诉他真相，他往往不会相信你，而且会誓死捍卫自己的想法。所以优秀的销售者一定要学会用实践来让他们信服你的观点，并让他们自己得出结论，这样才会事半功倍。

要想做到这点，销售人员就需要行业知识、销售技巧和对自己产品及销售方案的深刻认知。

在这个故事中，店老板发现了姑娘在购买产品时出现的问题，就运用自身过硬的产品知识帮助她解决了这个难题。并且在解决问题的同时，让顾客去印证老板的说法，同时巧妙地将自身产品的价值和核心卖点突显出来。

店老板通过沟通、吸引、认同、假设四个方法，成功打消了姑娘的顾虑。这个过程看似简单，其实引导顾客认同你的观点是非常困难的。

顾客的顾虑是由"疑问＋负面情绪"所产生的，你不能仅仅通过解释消除她的疑问，那样会有新的疑问出来。面对顾虑，你要通过分享而不是认可他的感受来消除负面情绪。通过探索，找到顾虑背后的真正原因，针对原因解决问题，而不是针对问题解决问题。

另外，销售者和顾客在你来我往的博弈过程中，顾客并不是在压价，而是在巧妙地打探你的底价。所以，对成功的销售人员来说，最有利的方法并不是降价，而是提炼出自身商品的潜在价值和核心卖点，让他们感受到商品的价值，从而提高你的商品在他们心中的底价。

一开始，很少有顾客会因为"友谊"而从你这里埋单。生意的本质是交换，而顾客之所以愿意交换，是因为他觉得自己赚了；他认为他得到的价值比他付出的多——虽然未必真的多。所以，销售最核心的技巧，都是围绕如何塑造"多"展开的。

这就是在和顾客进行共情之后的效果。在与顾客交流时，我们并不是以快速成交为主，而是站在顾客的角度去思考问题，帮助顾客解决在购买中遇见的难题，并像朋友一样与顾客进行真诚的交流，构建他心中的价值感。

长线思维模式，连单成交的秘密

成功的销售人员，除了待人真诚之外，还具有远见卓识，他们会自动将自己的心智模式调整为"长线思维模式"。

那我们为什么要培养长线思维模式呢？原因就在于，顾客在看产品的时候，他们的目光往往都是呈"管状"的——他们只关心与自己息息相关的信息，对其他的信息往往加以排除。他们决定购买的原因往往只是一点，他们的购买欲望也恰恰源于这个点。

有时，不管你如何努力，顾客总有1000个不购买的理由，所以了解客户拒绝你的真正原因才是我们首先要做的。

"你的价格太贵了，便宜一点儿我就买了。"

"我的预算有限，我要考虑考虑。"

"对不起，这件事情我个人做不了主，我要回去商量一下。"

……

以上的说辞是不是非常熟悉，你真以为客户是因为这些原因才拒绝你的吗？倘若你真的给顾客便宜一点儿，顾客真的就会埋单吗？

当我们听到以上说辞的时候，我们要明白顾客给我们传递的信息是什么。其实，顾客不购买的真正原因，无非是在你的产品上看不到预期效果，或者无法满足自己的利益点。当然，还有另外一种可能，就是你的产品同质化太严重了，而销售又没有"点燃"客户的情绪，在这些关键利益没有被确认之前，他是不会做出购买决定的。

很多时候，我们面对顾客提出很多问题时会手足无措，那么最好的办法就是在客户提出异议前，让顾客为产品所带来的美好愿景而埋单，而并非为单纯的产品价值埋单。

当你见到顾客时，你不仅要知道你要为顾客做什么，而且要知道他将要为你做什么。顾客的行动承诺是销售尤其是复杂销售中最重要的东西。所以，顾客和销售的关系其实是对立统一的——消费者付出金钱，得到了享受或某种实用性产品，销售者则在双方的交互行为中获得利益。而建立这交互行为的基础，便是不能把二者之间的关系割裂看待。

在日常生活中，我们常常会看到销售人员拦住消费者，自顾自地夸奖自家的产品，他们说得非常激动，而顾客听得云里雾里或者根本不感兴趣。而一个好的销售人员则能将二者统一起来，同时引导顾客按照自己想要的方向行进。

对双方来说，销售的过程都需要付出成本；而从人性的角度来看，我们容易对自己付出过成本的东西耿耿于怀。当顾客在你的销售过程中付出了时间成本、情感成本或者研讨成本后，你想要出售的商品或者服务在他们心中才会升值，你的销售才能向前迈进一大步。

只有对方付出的成本足够多，他们才会和你站在同一战线上。而这时，销售者最好不要表现出迫切想要获得成交的心理，注意要"放长线、钓大鱼"。

据科学统计：80%的销售都是在 4 ～ 11 次的追踪后完成的，经过数次沟通交流之后，你和消费者很可能已经成为彼此信赖的朋友。

亚马逊公司总裁杰夫·贝索斯曾经说过："如果你的目光能放到未来 7 年，那可以和你竞争的公司就会很少，因为很少有公司愿意做更长远的战略打算。"其实，这句话用在很多行业都是适合的。很多销售人员常常把销售工作看作"一锤子买卖"，总认为如果在有限的时间内无法将自己的产品推销出去，自己就是失败的。

接下来，我将用一个小故事来阐述销售过程中"长线思维"的重要性。

小王的工作是汽车销售，私下里爱好钓鱼。某一天，他和一位男士在渔具店偶遇了。这位男士对他挑选鱼钩的方法非常好奇，于是他便热心地给男士推荐了一款好用的鱼钩。接下来，他们越聊越开心，感觉一见如故。

"你一般什么时候去钓鱼呀？"小王问，"或许我们可以结伴。"

"工作忙，也就周六、周日有空。"

"那真是可惜了，我知道一处非常好的钓鱼的地方，那里的鱼不仅个头大，而且那里的环境幽静，是一个放松身心的好去处呢，可惜……"

"哦？"男士来了兴致，"我们可以结伴去，有什么可惜的？"

"有一点儿远。"

"开车去呢？"

"不是很划算。因为距离的原因，一般的车油费太高了。"

"是啊……"

就这样，他们二人从鱼钩的事聊到了汽车，由汽车聊到了省油，接下来小王就向对方推荐了自家公司的一款非常省油的车。就这样，他在那位男士心中种下了一颗"换车"的种子。不久之后，那位男士越看自己的旧车越不顺眼，最终决定要换车，换的就是小王推荐给他的那一款。

从这个故事中我们可以看出，购买这种行为其实非常感性，隐藏在背后的价值观和逻辑才是最终决定他是否购买的根本原因。当你巧舌如簧地勾起了顾客的购买欲望之后，要做的便是用完整的逻辑让他坚定自己的购买决心。所谓的"连带销售法"便是如此。

要知道，顾客的需求是多种多样的，他来购买你的一个产品只是为了满足自己的某一项需求。而他内心深处潜藏着的其他需求，则需要销售者用心挖掘，然后有目的性地推出另外一个产品或者服务。当然，这项产品或服务越简单越好，最好能让顾客一目了然，且不需要多加解释。

同时，你也需要注意，这个世界上没有什么事情是可以两全其美的。如果顾客最终决定不购买你推销给他的商品，你也不要气馁或者觉得得不偿失，因为很多时候你需要牺牲一种商品来挖掘顾客更深层次的需求，这也是长线思维的一种表现。

就算顾客最终什么也没有购买，你也千万不要给他贴标签。他现在没有这个需求，不代表他以后也没有。长线思维就是关注潜在顾客的转化率，争取促成以后的N次连单。

马云说过，"太过重视钱的人做不好事"，难道不是这个道理吗？

如何与客户建立信任关系

一提到信任，我们就不可避免地要提到"信任思维"。"信任思维"是指在销售过程中以竭力获取顾客信任为主要任务。在销售的过程中，取得顾客的信任能让我们快速成交，取得事半功倍的效果。

说到信任，我们就不得不再说一下乔·吉拉德——一位非常有能力的王牌销售员的故事。

在15年的汽车推销生涯中，乔·吉拉德总共卖出了13001辆汽车，他也因此创造了吉尼斯汽车销售的世界纪录，同时获得了"世界上最伟大的推销员"的称号，他所创造的纪录迄今为止无人打破！

有一天，一位衣冠楚楚的妇人走进了吉拉德的汽车展销室，吉拉德立刻站起来接待了她。

在双方的交谈中，吉拉德得知这位妇人很想买一辆她表姐开的白色福特车，而且她已经去过隔壁的福特车行，有了自己的目标汽车，但是福特车行的经销商让她过一个小时之后再过去，所以她只是顺道到吉拉德的汽车展销室里看一看。

于是，吉拉德领着夫人从一辆辆新车面前慢慢走过，并推荐给她一辆新款的双门式的白色雪佛兰轿车。妇人虽然对这辆白色的雪佛兰有些动心，但她仍倾向于那辆白色福特车。

这时，吉拉德询问妇人买车的原因，妇人兴奋地说今天是她55岁生日，所以她要买一辆新车作为自己的生日礼物。

"夫人，祝您生日快乐！"吉拉德热情地祝贺道。随后，他轻声向身边的助手交代了几句。

不一会儿，助手走了进来，把一束刚刚买回来的玫瑰花交给了吉拉德。吉拉德把这束漂亮的花送给了妇人，并再次向她表示生日的祝贺。

这位妇人非常激动地说："先生，太感谢您了，已经很久没有人给我送礼物了，就连我的丈夫都没有。刚才那位福特车的推销商看我开着一辆旧车，就以为我买不起新车，对我的态度相当不好。现在想一想，我也不一定非要买福特车不可啊！"最后，这位妇人就在吉拉德那儿买了一辆白色的雪佛兰轿车。

在现实中，当顾客有了明确的购买目标，销售的希望看似不大，但能改变对方想法的是对改进问题的渴望，以及对产品的美好想象。

在这个案例中，吉拉德是如何在一个小时内让顾客转变想法，放弃了福特汽车转而来购买雪佛兰汽车的呢？

首先，是沟通。他并没有滔滔不绝地推荐自己的产品。在陪着顾客挑选汽车时，他选择的是倾听，用自己的真诚让顾客感觉到舒适，同时他也利用这一小时时间深挖出了顾客的真实需求，让顾客明白了什么才是最适合她的产品。

其次，成功把握了顾客购买的节奏。在介绍中，他适当地夸赞了自己家的产品，用幽默的方式拿自己的产品与顾客喜欢的产品进行对比，在不夸大自己的产品不贬低他人产品的前提下，巧妙表明了自身产品的竞争力！

最后，在得知妇人是给自己购买生日礼物后，他便顺水推舟地让助理送上鲜花表示祝福。在这点上，吉拉德已经从利益交换提升到了情感交换。有了情感基础，双方也就建立了信任关系。信任关系越深，胜出的概率就会越高！

任何物品或服务都只是媒介，最终决定顾客购买的因素是信任。销售的过程就是一个不断获取顾客信任的过程，只要有了信任，接下来的成交便不是问题了。

当顾客对你这个人产生了强烈的信任之后，你们之间就可以构建出一种长期的情感关系，而这就意味着你们成了朋友，也有利于你以后的产品销售。当然，这就需要你将"信任思维"转变为"长线思维"了。

我们人类的行为往往是由一定的思维所决定的，而我们的行为则是思维经过决定后所呈现的结果。所以，从这个角度来看，正确的销售思维，往往会引导我们做出正确的销售行为，而正确的销售行为会在很大程度上提高我们的销售业绩。

平庸的销售找借口，优秀的销售找方法

1

在前几节中，我们通过一些成功案例展现了销售的两大思维，但不知大家有没有发现，贯穿于这两大思维之中的重要因素就是我们的自身因素。

那么，我们要如何推销自己呢？

你一定要先让别人认识你，并且对你产生兴趣。而这其中的关键性因素就是要显示出自己的与众不同。那么，我们该如何吸引到对你感兴趣的人呢？

在推销自己这件事上，姜尚是高手中的高手。

姜尚，就是商朝末年大名鼎鼎的姜子牙。《三国演义》在介绍诸葛亮的时候，就曾说诸葛亮可比"兴周八百年之姜子牙，旺汉四百年之张子房"，可见他的名气在历史上是如雷贯耳的。

姜子牙可谓自我推销的高手。相信大家都曾听过"姜太公钓鱼——愿者上钩"的故事。据说，姜子牙胸怀大志却又怀才不遇，

一直在心中挑选着"明主"。后来，他看中了西岐国君姬昌，于是就想出了这样的主意来引起他的注意。

他选在离西岐不远的渭水边上钓鱼，但是，他用的是一个直鱼钩，而且离水面还有三尺。周围钓鱼的人都觉得这个老头挺傻的。这件事一传十，十传百，最后传到了一个读书人那里。读书人告诉他，直鱼钩是没有办法钓上鱼的，结果姜子牙却说："宁向直中取，不向曲中求。不为锦鳞设，专钓王与侯。"

后来，这件事就传到了姬昌的耳朵里，姬昌觉得姜子牙是个有智慧且有大心胸的人，于是就亲自过来请这位高人出山。自此，姜子牙辅佐姬昌推翻了商纣王的统治，建立了周朝。

从这个故事中，我们可以看出，一个成功的推销员首先要做的就是将自己推销出去。如果你将自己推销出去了，你的思想就会在不知不觉中影响到别人，这样一来，你又何愁卖不出东西呢？

任何产品在展示的时候都需要有目标，推销自己也不例外。这就需要我们先站在买者的角度来看问题，审视自己身上到底有什么顾客需要和感兴趣的点。只有当顾客喜欢你、信任你，他们才会更愿意接受你的产品和建议。

2

那是不是把自己推销出去，就算是成功的销售人员呢？其实不然，成功的销售者是需要具备一些特性的。我们都说看一个人是不是成功，不要看他成功时有多得意，而是要看他受挫时有多坚韧。

1990年，因丈夫病逝，一名36岁的女子毅然辞掉南京的工作，带着8岁的儿子南下打工。偶然的机会，她成了海利空调器厂的一名基层销售员，被安排负责安徽市场。她到合肥的第一件事，就是向当地一家拖欠了42万元货款的经销商追债。

当时，她天天去找那位经销商，经销商总是爱理不理。她每天都是守到经销商下班才一个人回旅馆。后来，那位经销商找各种各样的理由不见她。这就激起了她的不服输心理，天天去经销商的门口"堵"他，终于有一次在办公室里"逮"到了他。她冲着经销商说："还钱和退货，你选一个，不然从现在开始，我和你形影不离，让你的生意没法做！"

经过40天的斗智斗勇，在饱尝冷落、戏弄和欺骗后，她终于追回了货款。从此，她下决心采用"先款后货"的策略。那时的海利空调器厂在空调界默默无名，先款后货几乎不可能。在一次次"碰钉子"后，安徽淮南的一家电器商店的经理终于被她的真诚所打动，答应进20万元的货试试看。她终于拿到了20万元的支票。

随着淮南市场的打开，芜湖、铜陵、合肥、安庆的市场先后都打开了局面。仅1992年，她在安徽的销售额就突破1600万元。她一个人的销售量占了整个公司销售量的八分之一。

不久后，她又被调到了南京，这是一个被视为没有任何市场潜力的地方。而在冬天的时候，她签下了一张200万元的空调大单，震惊了同行，成为行业的"神话"。一年内，她的销售额迅速上升，成了真正的"营销女皇"。

2009年，在她的带领下，公司完成了体制改革，正式更名为格力集团，而这位凭着坚韧的毅力克服了诸多困难的女性，就是董明珠。

一个成功的销售人员离不开坚韧不拔的毅力。毅力，是我们每个人做成一件事所必备的心理素质，销售行业也不例外。而在销售过程中，能将销售行为看成一种习惯，那就是我们培养毅力的最好的方法。很多人之所以会失败，都是因为没法持之以恒。一个人缺乏了毅力，就算拥有很强的能力和天赋，也很难获得成功。

其实，在销售的过程中，顾客也是会欺骗销售者的。一项调查研究表明：大约有25%的顾客在向销售者询问一个产品的时候，其实他们内心早就有了心仪的产品。但是大部分销售人员不会承认这件事，因为这会让他们觉得没有希望，可这就是事实。

所以，我们销售人员一定要将销售作为一种习惯，直面工作中可能会遇到的问题，这样我们才会产生归属感和幸福感，也会积累更多的工作经验以及顾客资源。

从上面的故事中我们可以看出，董明珠在受挫后并没有自哀自怜，而是利用身边一切可以利用的资源，抓住每一个可以抓住的机会达成自己的目标。**成交，更多的是一项脑力活动，靠的是智慧而非蛮力。销售人员在受挫时，不要让自己陷入不断否定自己当中，**

而是要在失败中归纳、总结出自己的问题，这样才能让自己找到摆脱困境的方法。

此外，一个成功的销售者还应该具备忍耐力、沟通力、分析力、观察力、执行力、自控力等能力。很多人都知道在最初进入销售行业时，没有一个顾客的时候最为难熬，这容易让人产生惰性。在这种情况下，很多人会半途而废，而最后走到终点，获得成功的人往往有着非常强大的自控力。

忍耐力对于销售人员来说非常重要。面对失败，平庸的人会找各种各样的借口，或者夸大困难、裹足不前——"我不行，我还是算了"——在这种心态的影响下，他们往往会遭遇更大的失败。而成功的销售人员却不同，他们在遇到困难时，能一直保持自信和乐观的心态，想办法排除眼前的障碍，迎来最终的胜利。

3

以上我们说的是一名成功的销售人员所要具备的特性，这些特性是可以在工作中磨炼出来的。但我们下面要说的四要素，却源于你自身的因素 ——**态度、毅力、创造性和思维观点**。这些素质可以让你真正迈向成功。

著名商业哲学家稻盛和夫根据不同的态度，将人分为三种：自燃性人、可燃性人、不燃性人。这里说的"燃性"，是指对事物的热情。

　　自燃性的人，是指最先开始行动的人，善于将其活力和能量分给周围的人。

　　可燃性的人，是指受到自燃性的人或其他已活跃起来的人的影响，能够活跃起来的人。

　　不燃性的人，是指即使受到周围人的影响也不为所动，反而打击周围人的热情或有前进意愿的人。

　　如果董明珠是一名不燃性的人的话，那她今天很可能就只是一名普通的家庭妇女而已。而格力集团也不会取得今天的成就。而恰恰就是她的燃性，才导致了两种完全不同的结果。

　　很多人认为销售就是掌握高超的话术，其实思维才是最重要的！

　　销售的本质，是在扩大顾客需求的同时满足顾客的需求。我们与顾客的关系不仅限于面谈，还要长久维护，这会让顾客加深对你的印象。当顾客对你印象特别深的时候，你就会发现即使你距离顾客很远，顾客也会为了维系你们之间的关系而惠顾于你。